RECUEIL

DES EDITS,

DECLARATIONS DU ROY,

ET ARRESTS DU CONSEIL,

Concernant les Offices de Conseillers du Roy Receveurs
des Epices dans toutes les Cours
& Jurisdictions.

A PARIS,

Chez HENRY CHARPENTIER, au second Pillier de la
grand' Salle du Palais, près la Chapelle, au bon Charpentier.

M. DCCIV.

EDIT DU ROY,

Du mois de Juillet 1581.

PORTANT CREATION EN CHEF ET

Titre d'Office formé, en chacune des Cours de Parlement, Chambre des Comptes, Grand Conseil, Cours des Aydes, & toutes autres Jurisdictions de ce Royaume, d'un Receveur des Espices & autres deniers, Consignez pour les Procés des Commissaires, & Vacations des Juges.

Registré en Parlement, le sixiéme Mars 1583.

HENRY, PAR LA GRACE DE DIEU, ROY DE FRANCE ET DE POLOGNE: A Tous presens & à venir, Salut. Nos Predecesseurs Rois de France, par plusieurs Edits & Ordonnances, mesme par celles qui furent faites à Orleans, par feu nostre tres-honoré Seigneur & Frere le Roy Charles dernier decedé, que Dieu absolve, à la Requisition des Etats, & pour certaines, bonnes & grandes considerations, ont expressément enjoint à tous Juges, avec charges expresses de leur honneur, de prononcer leurs Arrests & Jugemens incontinent aprés qu'ils auroient esté signez, sans attendre le jour des Prononciations ordinaires, ou que les Espices fussent payées; lesquelles Ordonnances, encore qu'elles soient pleines de grande Justice, & l'Observation d'icelles grandement necessaire, pour éviter les inconveniens qui sont depuis avenus, & peuvent avenir pendant cet intervale, &

A

auſſi pour le long ſejour & grands frais que font les Parties pendant iceluy temps, toutefois la plûpart de nos Cours de Parlement, & autres nos Sieges Subalternes, n'ont pratiqué noſdites
Ordonnances, dautant qu'en aucunes de noſdites Cours la Prononciation ne ſe fait qu'à certain jour de la ſemaine, & aux autres ſeulement aprés que les Eſpices ſont payées : En quoy n'eſt
ſatisfait à noſdites Ordonnances, & ne ſont les choſes adminſ-
ſtrées avec telle ſincerité que faire ſe doit, Parce qu'en celles de
noſdites Cours & Juriſdictions où la Pronociation ſe fait aux jours
ordinaires, outre le long ſejour que font les Parties, depuis
le jour que les Arreſts ou Jugemens ſont donnez, juſqu'au jour
de la Prononciation d'iceux, ſe peut auſſi reveler & découvrir
par leſdites Parties le contenu d'iceux Jugemens ou Arreſts,
qui cauſe bien ſouvent la ſurſeance de la Prononciation d'i-
ceux : Et pour le regard de noſdites Cours & Sieges où la Prononciation ne ſe fait, que leſdits Droits ne ſoient payez, outre
les inconveniens cy-deſſus declarez, advient que les Arreſts
ou Jugemens ne ſont quelquefois dattez que d'un an ou plus,
aprés qu'ils ont eſté donnez & mis auſdits Greffes, choſe tres-
préjudiciable aux Parties, notamment aux Creanciers pour leurs
Hypotheques, fruits, arterages & intereſts à eux deûs. Pareillement Nous ſommes bien advertis, que la pluſpart des Greffiers
deſdits Sieges ne font aucun Regiſtre deſdits Droits d'Eſpices,
ou s'ils en font, negligent la Sollicitation du Recouvrement d'i-
celles, tant pour ne ſe détourner de leurs Charges ordinaires,
que pour ce qu'il ne leur eſt fait aucune Taxe pour raiſon de
ce, de façon que noſdits Juges ſont le plus ſouvent fruſtrez de
leurs Droits & juſte labeur, A quoy deſirans pourvoir, & à l'a-
venir donner moyen à noſdits Juges d'eſtre avec honneur aſſeu-
rez des Droits qui de tout temps, & par les Ordonnances des
Rois nos Predeceſſeurs, leur ſont legitimement dûs, meſme
pour obvier aux importunitez par leſquelles Nous ſommes ſou-
ventes-fois requis, de faire ſurſeoir la Prononciation deſdits
Arreſts : Sçavoir faiſons, Qu'aprés avoir mis cette matiere en
Déliberation en noſtre Conſeil Privé, auquel aſſiſtoient noſtre
tres-chere & tres-honorée Dame & Mere, & pluſieurs Princes
de noſtre Sang, & autres grandes & notables Perſonnages de

noſtre Conſeil Privé. NOUS AVONS de l'avis d'iceux, Et de noſtre certaine Science, pleine Puiſſance & Autorité Royale, en ſuivant leſdites Ordonnances; DIT, Statué & Ordonné, Diſons, Statuons, Ordonnons, Voulons & Nous plaiſt, Que doreſnavant tous Arreſts, Sentences & Jugemens, ſeront prononcez incontinent qu'ils auront eſté arreſtez & ſignez, & mis au Greffe, par chacun jour & à telle heure ordinaire qu'il ſera aviſé par noſdits Juges, ſans aucunement differer ni retarder la Prononciation d'iceux à autre jour de la Semaine, ainſi que cy-devant a eſté obſervé en pluſieurs lieux, & nonobſtant que les Eſpices ne ſoient payées : Et neanmoins afin d'eſtablir un bon ordre à la perception deſdits Droits, eſquels Nous deſirons maintenir & conſerver noſdits Juges.

AVONS de l'avis ſuſdit, & par cetuy nôtre Edit perpetuel & irrevocable, ſigné de nôtre propre main, Creé, Erigé & Eſtably, Créons, Erigeons & Eſtabliſſons, en chef & titre d'Office formé, en chacune de nos Cours de Parlement, Chambre de nos Comptes, Grand Conſeil, Cours des Aydes, & autres Juriſdictions Souveraines, Requeſtes du Palais & de l'Hoſtel, Sieges Preſidiaux, Prevoſtez, Bailliages, Senéchauſſées, & generalement en toutes nos Juriſdictions de cetuy noſtre Royaume, un Depoſitaire & Receveur deſdites Eſpices & autres deniers, Conſignez pour les Procés de Commiſſaires, & Vacations, tant ordinaires qu'extraordinaires de nos Juges, ſoit en premiere Inſtance ou en cauſe d'Appel, incidens qui interviennent eſdits Procés, Defaux & Congez, que generalement de tous autres Procés & differens qui ſont jugez & terminez, ſoit par noſdits Juges Inferieurs, ou Cours Souveraines.

Creation d'un Receveur des Eſpices dans toutes les Cours Souveraines & Juriſdictions Royales.

Pour y eſtre dés maintenant pourveu, & quand vacation y échera, de perſonnes de qualité requiſe, leſquelles bailleront bonne & ſuffiſante Caution de la ſomme qui ſera par Nous limitée par leurs Lettres de Proviſions, & preſteront le Serment à la Cour, Siege ou Juriſdiction, où ils ſeront par Nous eſtablis, Pour faire la Recepte de tous & chacuns leſdits Droits, qui par chacun jour ſont ou ſeront taxez au bas deſdits Arreſts, Jugemens & Sentences.

Donneront Caution, & preſteront le Serment dans les Sieges où ils ſeront eſtablis.

ET à cette fin, VOULONS & Nous plaiſt, que par chacun

A ij

Le Greffier délivrera les Rôlles ou Extraits concernans tous les Arrests qui auront esté donnez & prononcez le jour precedent.

jour il soit délivré par le Greffier ou son Commis, en ladite Cour ou Jurisdiction, au Receveur qui sera ainsi par Nous creé, un Rôlle ou Extrait signé de l'un d'eux, contenant tous les Arrests qui auront esté donnez & prononcez le jour precedent, soit diffinitif, interlocutoire, sur Requeste presentée, Congez, Defauts, ou autrement; Ensemble les noms & qualitez des Parties, les noms des Procureurs, celuy du Rapporteur du Procés, & la Taxe des Droits appartenans à nosdits Juges; Pour chacun desquels Extraits ou Rôlles, sera tenu iceluy Receveur payer ausdits Greffiers ou leursdits Commis; à sçavoir à ceux de nosdites Cours Souveraines, six deniers tournois, & à ceux des autres Jurisdictions, trois deniers tournois; Sur lequel Rôlle ou Extrait, iceluy Receveur sera tenu incontinent faire & dresser bon & fidel Registre, pour incontinent lesdits Droits par luy receus en faire Recepte en la marge de sondit Registre, & cotter le jour qu'il les aura receus, afin que le mesme jour, si faire se peut, ou le lendemain, il les délivre audit Rapporteur; par lequel Rapporteur, & celuy auquel lesdites Espices seront taxées, ledit Receveur fera lors décharger sondit Registre; lequel Registre neanmoins, pour bonnes causes, Nous Voulons estre tenu particulier entre lesdits Juges, Receveurs, Procureurs des Parties, & Clercs du Greffe; Lesquels avant que délivrer lesdits Arrests & Sentences, verifieront, sur ledit Registre ce qui aura esté payé & enregistré sur iceluy, sans que pour quelque cause que ce soit, on puisse d'iceluy Registre faire transport hors le lieu où se tiendra le Bureau dudit Receveur, si ce n'est par Commandement exprés de nosdits Juges. Et afin que lesdits Receveurs puissent plus dignement exercer leurs Charges & Receptes.

Les Receveurs des Espices seront reputez du Corps des Jurisdictions.

VOULONS & Nous plaist qu'ils soient tenus & reputez du Corps de nosdites Jurisdictions où ils seront establis, comme ayant le Serment à icelles: Et outre jouïssent des mesmes Privileges, Exemptions, Droits, Franchises, & Libertez, que les autres Officiers des Sieges desquels ils seront pourveus.

Jouïront des mesmes Privileges, que les autres Officiers.

VOULONS aussi & Nous plaist, qu'il leur soit baillé une petite Chambre ou Estude à l'enclos desdites Cours, Jurisdictions & Sieges, en lieu le plus seur & commode que faire se poutra, & que nofdits Juges verront bon eftre, pour y tenir leur Bureau & faire leur Recepte en plus grande feureté, leur permettant un ou plufieurs Commis, pour l'exercice de leurs Charges, defquels toutefois ils demeureront refponfables.

ciers des lieux où ils font eftablis.

Et pour leur donner meilleur moyen d'eux entretenir, & fidellement exercer leursdites Charges & Offices, & fupporter la grande dépenfe qu'ils auront à faire pour l'entretenement d'eux, leurs Clercs & Commis, & mefme payer les fix & trois deniers cy-deffus ordonnez aufdits Greffiers, pour confection defdits Rôlles & Extraits.

AVONS Ordonné & Ordonnons à chacun defdits Receveurs, qui feront eftablis par vertu de cetuy noftre prefent Edit; à fçavoir à ceux de nofdites Cours Souveraines, & Chambres des Comptes, la fomme de cinquante écus fols; Et à ceux de nofdits Prefidiaux, Bailliages & Senéchauffées, la fomme de feize écus, deux tiers, par forme de Penfion pour leur avoir logis & maifons prés les lieux defdites Cours & Jurifdictions où ils feront eftablis, icelles fommes avoir & prendre fur les Amendes qui feront adjugées en icelles, par les mains du Receveur d'icelles Amendes, fous leurs fimples Quittances; & outre la fomme de trois fols pour chacun écu, qu'ils recevront defdits Droits & Efpices, qui eft à raifon d'un fol pour livre, lefquels fe taxeront & recevront avec lefdites Efpices, fur les Parties plaidantes ou Comptables. Et feront allouées en la Taxe de leurs Dépens & Dépenfes de leurs Comptes.

Les Receveurs des Efpices feront logés prés leur Jurifdiction.

DEFFENDANS au furplus à tous nos Juges, leurs Clercs, Greffiers ou leurs Commis, de plus recevoir dorefnavant lefdits Droits, fur peine de privation de leurs Etats, & à tous autres qui pourroient prétendre avoir efté nommez & ordonnez à cet effet, fur peine de pareille condamnation d'Amende vers Nous, comme pourroit monter la fomme qu'ils auroient receuë, & aufdites Parties plaidantes ou Comptables, & leur Procureur fur les mefmes peines, les délivrer à d'autres qu'aufdits Receveurs par Nous pourveus, à peine auffi de les repeter derechef fur eux par ledit Receveur, ains fuy en laiffer faire la Recepte entiere actuelle, ainfi qu'il eft cy-deffus ordonné.

SI DONNONS EN MANDEMENT à nos amez & feaux les

A iij

Gens tenans nos Cours de Parlement, Grand Conseil, Gens de nos Comptes, Generaux de nos Aydes, Baillifs, Senéchaux, Prevosts, & tous nos autres Justiciers, Officiers, ou leurs Lieutenans, & chacun d'eux, si comme il appartiendra, que cetuy nostre present Edit, Statuts & Ordonnances, ils fassent lire, publier & enregistrer, garder, observer & entretenir de point en point selon sa forme & teneur, sans faire ne souffrir estre fait aucune chose au contraire, directement ou indirectement, en quelque sorte & maniere que ce soit; CAR tel est nostre plaisir, nonobstant quelques Edits, Statuts, Ordonnances, Coûtumes, & joüissances contraires à cesdites Presentes : Au vidimus desquelles, deuëment Collationnées par l'un de nos amez & feaux Notaires & Secretaires, foy soit ajoustée comme au present Original. DONNE' à Paris, au mois de Juillet, l'an de grace mil cinq cens quatre-vingt-un ; Et de nostre Regne le huitiéme. Ainsi signé, HENRY. *Et sur le reply est écrit*; Par le Roy, DE NEUFVILLE. *Et à côté* Visa. Et Scellées sur lacs de soye rouge & verte, en cire verte du grand Scel.

Leües, Publiées & Registrées, Oüy sur ce le Procureur General du Roy, à Paris en Parlement, le Roy y séant, le septiéme jour de Mars l'An mil cinq cens quatre-vingt-trois. Signé DU TILLET.

EDIT DU ROY,

Du mois de Juin 1586.

PORTANT CREATION D'UN RECEVEUR

Alternatif des Espices, & autres Deniers Consignez, en toutes les Cours & Jurisdictions Royales du Royaume : Aux mesmes Fonctions & Privileges que les Anciens.

Registré en Parlement & Chambre des Comptes.

HENRY, PAR LA GRACE DE DIEU, ROY DE FRANCE ET DE POLOGNE : A tous presens & à venir, Salut. POUR certaines, bonnes & grandes considerations, dés le mois de Juillet 1581. Nous aurions fait & creé en Chef & Titre d'Office formé, en chacune des Cours de Parlement, Chambre des Comptes, Grand Conseil, Cour des Aydes, & toutes autres Jurisdictions de ce Royaume, un Receveur des Espices & autres deniers, consignez pour les Procés de Commissaires & Vacations des Juges, tant ordinaires qu'extraordinaires, tant en premiere Instance, qu'en cause d'Appel & incidences qui interviennent esdits Procés, Défauts & Congez, & generalement tous autres differens qui sont jugez & terminez, soit par nos Juges inferieurs ou Cours Souveraines, pour y estre dés lors pourveu de personnes de qualité requise, lesquelles donneront bonne & suffisante Caution de la somme par Nous limitée par leurs Lettres de Provision, Lesquels aprés avoir presté le Serment à la Cour, Siege ou Jurisdiction où ils sont establis, feroient la Recepte de tous & chacuns les Droits, taxez par chacun jour au bas des Arrests, Jugemens & Sentences, & en la forme & selon la teneur de nostre Edit, pour ce fait dés ledit temps, cy attaché sous le Contre-Scel de nostre Chancellerie. Et combien que par l'Edit du feu Roy Henry noftre tres-honoré Seigneur & Pere, en chacune Recepte & Charge Comptable de fes Finances, auroit dés lors efté ordonné qu'il y auroit un Receveur Alternatif, laquelle Ordonnance auroit depuis par Nous efté confirmée, afin qu'exerçant alternativement lefdites Charges, les Receveurs fuffent foulagez, ayant par ce moyen loifir de dreffer leurs Comptes, & par mefme moyen regler l'Adminiftration de nos Finances, par Loix & Conftitutions pareilles & femblables, fans introduire entre nos Comptables aucune difference ou diverfité & confufion. Ce qu'eftant par Nous confideré & mis en déliberation en noftre Confeil, a efté trouvé qu'il eftoit requis & neceffaire de créer & eftablir à l'inftar des autres Receveurs de noftredit Royaume, un Receveur Alternatif defdites Efpices, & autres deniers confignez, mentionnez en noftredit Edit du mois de Juil-1581. en tous les endroits & Jurifdictions portez par iceluy, pour nous fervir d'année à autre alternativement : POUR CES CAUSES, & autres bonnes & juftes confiderations à ce Nous mouvans; De l'Avis de noftre Confeil; Et de noftredite certaine Science, pleine Puiffance & Autorité Royale.

A VONS par cetuy noftre Edit perpetuel & irrevocable, Créé, érigé & eftably; Créons, érigeons & eftabliffons, en titre d'Office formé, en chacune des Cours de Parlement, Chambre des Comptes, Cour des Aydes, Grand Confeil, Requeftes du Palais & de l'Hoftel, & autres Jurifdictions Souveraines, Sieges Prefidiaux, Prevoftez, Bailliages, Senéchauffées, & generalement en toutes nos Jurifdictions de cetuy noftre Royaume, Un Receveur Alternatif defdites Efpices & autres deniers confignez, pour les Procés de Commiffaires, & Vacations, tant ordinaires qu'extraordinaires de nos Juges, pour y eftre par Nous dés maintenant pourveu, & quand Vacation y échéra, de perfonnes de qualité requife, en baillant bonne & fuffifante Caution de la fomme qui fera par Nous limitée par leurs Lettres de Provifion; Pour faire ladite Recepte de tous & chacuns lefdits Droits en la forme & maniere accouftumée & preferite en noftredit Edit, & tout ainfi que font & doivent faire les Receveurs Anciens defdites Receptes.

Creation d'un Receveur Alternatif des Efpices.

A chacun defquels Officiers & Receveurs prefentement créez, Nous

Nous Avons Attribué & Ordonné, Attribuons & Ordonnons Privileges & Exemptions. tels & pareils Droits, Privileges, Exemptions, Libertez, Pensions, Salaires & Emolumens dont jouïssent lesdits Receveurs anciens, à prendre lesdites Pensions sur les Amendes qui seront adjugées esdites Cours, & Jurisdictions, par les mains des Receveurs d'icelles Amendes, sous leurs simples Quittances; Et outre ce, la somme de trois sols pour Escu, à raison d'un sol Attribution d'un sol pour livre. pour livre, par les mains de leurs Compagnons, lorsqu'ils ne seront en exercice.

Et d'autant que par nostredit Edit du mois de Juillet, de la Creation des anciens, Nous avons ordonné ladite somme de trois sols pour chacun Escu, estre taxée, receuë & levée avec lesdites Espices, sur les Parties plaidantes, ne voulant aucunement molester & grever nos Sujets, & les surcharger de l'imposition nouvelle, & alterer nostre Edit du mois de Juillet : Nous Voulons ladite somme de trois sols pour chacun écu, attribuée ausdits Receveurs Alternatifs, estre prise sur la somme de quinze sols à Nous dûe & appartenant sur lesdites Espices, durant l'année que les Receveurs anciens ou alternatifs seront hors de Charge, laquelle Nous Voulons estre allouée en la Taxe de leurs dépens, & dépense de leurs Comptes; Comme pareillement les sommes de cinquante écus sols, & seize écus deux tiers, attribuez par forme de Pension ausdits Receveurs des Espices anciens & alternatifs, qui les prendront sur lesdites Amendes, lesquelles Nous entendons & voulons estre allouées & rabatuës aux Receveurs desdites Amendes, en la dépense de leurs Comptes. Si donnons en Mandement à nos amez & feaux les Gens de nos Cours de Parlement, & Chambre des Comptes à Paris, que cetuy nostre present Edit, Statuts & Ordonnance, ils fassent lire, publier & enregistrer, garder, observer & entretenir de point en point selon sa forme & teneur, sans faire ne souffrir estre fait aucune chose au contraire, directement ou indirectement, en quelque sorte & maniere que ce soit; Car tel est nostre plaisir, Nonobstant quelconques Edits, Ordonnances, Statuts, Coustumes, & jouïssances contraires à cesdites Presentes : Au Vidimus desquelles, duëment collationnées par l'un de nos amez & feaux Notaires & Secretaires, foy

B

soit adjoustée, comme au present Original. Donne' à S. Maur
des Fossez, au mois de Juin, l'an de grace mil cinq cens quatre-vingts-six ; Et de nostre Regne le treiziéme. Signé, HENRY,
Et sur le reply , Par le Roy estant en son Conseil, *Et plus bas,*
De Neufville.

Leu, publié & Registré : Oüy & consentant le Procureur Gene-
ral du Roy, A Paris, en Parlement, le Roy y seant, le seizième
Juin l'an mil cinq cens quatre-vingts-six. Signé, De Hevez.

Leu, publié & Registré ; Ouy le Procureur General du Roy, de
l'Ordonnance & Commandement à moy fait par Monsieur le Comte
de Soissons , assisté des Sieurs Archevesqué de Bourges & Eves-
que de Langres ; de Lansac & de la Vauguyon , pour ce envoyez
en la Chambre des Comptes , le vingt-sixiéme jour de Juin l'an mil
cinq cens quatre-vingts-six.

EDIT DU ROY,

Du mois de Février 1691.

PORTANT CREATION DE RECEVEURS
des Amendes, & de Receveurs des Espices dans
toutes les Cours & Jurisdictions.

Registré en Parlement, & Chambre des Comptes,
les quinze Février & premier Mars audit an.

LOUIS, PAR LA GRACE DE DIEU, ROY
de France & de Navarre : A tous presens & à venir, Salut.
Le soin que Nous avons pris depuis plusieurs années de recher-
cher toutes les Parties de nostre Domaine, dont les Revenus
estoient dissipez , Nous ayant donné lieu de connoistre que les

Amendes qui en font une partie confiderable, eftoient fi mal
adminiftrées par les Receveurs en Titre qui en avoient le maniement, que le fond s'en trouvoit toûjours confommé tant en frais
de Juftice, reparations d'Auditoire, & Prifons, menuës neceffitez, qu'autres ufages particuliers; Nous jugeâmes à propos de
les unir à noftre Ferme des Domaines commencée au premier
Janvier 1670. Et par Arreft de noftre Confeil du vingt du mefme mois, Nous ordonnâmes que lefdits Receveurs rapporte-
roient leurs Titres pardevant les Commiffaires de noftre Confeil,
pour eftre procedé à la liquidation de leur Finance, & pourveu
à leur rembourfement ainfi qu'il appartiendroit. Et à l'égard des
frais de Juftice, menuës neceffitez & autres dépenfes à prendre
fur lefdites Amendes, Nous aurions fait employer dans les Etats
des Charges de nos Domaines les fonds neceffaires pour cet effet. Mais depuis ayant pour de bonnes raifons introduit par noftre Edit du mois d'Aouft 1669. & Declaration du vingt-un de
Mars 1671. la confignation des Amendes dans les cas d'Appel,
d'Infcriptions de faux & de Requeftes Civiles, l'experience Nous
a fait connoiftre l'inconvenient qu'il y avoit de laiffer le maniement defdites Amendes confignées entre les mains de nos Fermiers & Sous-Fermiers, qui les ont regardées plûtôt comme un
effet de leur Ferme, que comme un dépoft dont ils font refponfables envers le Public, & en ont fouvent employé les deniers au
payement du prix de leur Ferme contre noftre intention; Nous
avons crû devoir pour le bien & avantage de nos Sujets, rétablir
en chacune de nos Cours & autres Jurifdictions des Receveurs
defdites Amendes confignées, dont les Charges répondront au
Public de la feureté du dépoft defdites Amendes. Et attendu
que le bon ordre que Nous avons eftably pour regler les Charges affignées fur lefdites Amendes Nous ofte tout lieu de crain-
dre à l'avenir la confufion où les anciens Receveurs les avoient
mifes par le paffé, Nous avons jugé à propos de les charger à
l'avenir du recouvrement des Amendes de toutes natures adjugées à noftre profit, ce qui fauvera à nos Fermiers de grands frais
pour le retranchement des Commis qu'ils eftoient obligez d'employer pour faire la recepte defdites Amendes dans toutes les Jurifdictions. Nous avons auffi efté informé que quoyque Nous

ayons par l'Article V. de noftre Ordonnance du mois de Mars 1673. fur le fait des Epices & Vacations de nos Juges, fait défenfes de lever & percevoir à l'avenir le Droit de deux fols pour livre defdites Epices & Vacations, cy-devant attribué aux anciens Receveurs defdites Epices, créez par les Edits des années 1581. & 1586. & fupprimez par celuy du mois de Juillet 1626. que les Greffiers des Cours & autres Jurifdictions de noftre Royaume percevoient fans Nous avoir pour ce payé aucune Finance. Cependant la plus grande partie defdits Greffiers fe font maintenus en poffeffion de percevoir ledit Droit pour toutes les Efpices & Vacations qu'ils reçoivent pour les Officiers de nofdites Cours & Jurifdictions, & ce fous prétexte que par noftredite Ordonnance du mois de Mars 1673. il a efté interdit à nofdits Officiers de recevoir par leurs mains ou celles de leurs Clercs les Epices & Vacations, & enjoint d'en faire la recepte par leurs Greffiers ou autres perfonnes par eux commifes à cet effet. Ces confiderations Nous ont fait juger qu'il feroit à propos de rétablir lefdits Offices de Receveurs & Payeurs des Epices & Vacations dans toutes nos Cours & Jurifdictions, avec attribution des mefmes Droits dont jouïffoient lefdits anciens Receveurs, & que lefdits Greffiers perçoivent encore à prefent fans titre ni finance, & ce à l'inftar de ceux que nous avons déja rétablis par nos Edits des mois de Juin 1677. & Mars de l'année derniere 1690. dans les refforts de nos Parlemens de Touloufe & Grenoble. A CES CAUSES, & autres à ce Nous mouvans, de l'Avis de noftre Confeil, & de noftre certaine fcience, pleine puiffance, & autorité Royale.

Création des Offices de Confeillers du Roy, Receveurs des Amendes, Anciens, Alternatifs & Triennaux dans toutes les Jurifdictions Royales, pour recevoir toutes les Amendes qui feront

NOUS AVONS par le prefent Edit perpetuel & irrevocable, éteint & fupprimé, éteignons & fupprimons tous les Receveurs des Amendes, tant de nos Cours, qu'autres jurifdictions de noftre Royaume, de quelque création qu'ils foient; & au lieu d'iceux, avons creé & érigé, créons & érigeons en Titre d'Offices formez hereditaires, anciens, alternatifs & triennaux, un noftre Confeiller Receveur des Amendes de noftre Confeil, & Requeftes de noftre Hoftel, un en chacune de nos Cours de Parlement, Chambre de nos Comptes & Cours des Aydes, un pour noftre Grand Confeil & Prevofté de noftre Hoftel, un en noftre Cour des Monnoyes; un en noftre Chambre du Trefor,

un en chacun des Sieges Presidiaux, Bailliages, Senéchaussées, adjugées par
& autres Sieges où se relevent des Appellations d'autres Justices les Juges.
Royales, & un en chacune de nos Tables de Marbre & Maistrises de nos Eaux & Forests, lesquels recevront à l'avenir toutes les
Amendes, tant Civiles, que Criminelles, qui nous seront adjugées par les Officiers de nosdites Cours & Jurisdictions, mesme
celles qui seront consignées conformément à nostre Edit du
mois d'Aoust 1669. & Declaration du 21. Mars 1671. sans qu'elles puissent à l'avenir estre consignées en d'autres mains qu'en
celles des Receveurs, à peine de nullité de ladite consignation,
& seront lesdites consignations; sçavoir pour les Appellations re-
levées en nos Cours de Parlement & autres Cours, de douze livres; aux Sieges Presidiaux, six livres; & aux autres Sieges où
se relevent des Appellations d'autres Justices inferieures, de trois
livres; celles des Requestes Civiles prises contre des Arrests contra-
dictoires, de quatre cens cinquante livres; & pour celles prises
contre des Arrests par defaut ou par forclusion, de deux cens
vingt-cinq livres; celles des Inscriptions de faux dans nos Cours,
Requestes de nostre Hostel & du Palais, de cent livres; aux Presidiaux & autres justices ressortissantes immediatement en nosdites Cours, de soixante livres; & dans les autres Justices, de vingt
livres, lesquelles consignations seront faites avant que les Appel-
lans Demandeurs en Requestes Civiles & inscrivans en faux y
puissent estre receus.

Et pour les frais de recouvrement & dépost desdites Amen-   Attribution
des, Nous avons attribué & attribuons ausdits Receveurs pour   de deux sols
tous Droits, deux sols pour livre du montant desdites Amen-   montant des-
des, tant de celles de consignation qu'autres, lesquels deux sols dites Amen-
pour livre seront à l'avenir consignez outre & pardessus lesdites des.
Amendes sujettes à consignation; & à l'égard des Amendes de
condamnation, elles seront payées pareillement outre & pardessus par les Redevables d'icelles en vertu des Presentes, & sans qu'il
soit besoin que la condamnation en soit prononcée par les Jugemens; & seront lesdits deux sols pour livre acquis pour les Amendes
consignées ausdits Receveurs au moment de la consignation, sans
qu'au cas de la restitution, desdites Amendes aux Parties, ils
soient tenus de les restituer, & seront audit cas de restitution les-

dits deux fols pour livre employez dans lefdites Declarations de Dépens, pour eftre rembourfez à la Partie qui aura configné par celle qui fuccombera.

Les Greffiers délivreront des Extraits des Jugemens portans condamnation d'Amende.

VOULONS que les Greffiers foient tenus de délivrer aufdits Receveurs, ainfi qu'ils ont fait ou dû faire jufqu'à prefent aux Fermiers de nos Domaines, des Extraits de tous les Jugemens portans condamnation d'Amende à noftre profit; fçavoir ceux des Cours Superieures, tous les Lundis de chacune femaine; & ceux defdits Prefidiaux, & autres Juftices inferieures, le premier jour de chacun mois, ou un Certificat comme il n'y aura aucune Amende adjugée; lefdits Extraits contenans les noms & qualitez des Parties, leurs domiciles & les noms de leurs Procureurs, pour fur iceux eftre les Redevables contraints par les voyes ordinaires & accoûtumées pour nos deniers & affaires; en vertu des contraintes qui feront à cet effet délivrées par lefdits Receveurs, & par privilege à tous Creanciers, conformément à noftredite Declaration de 1671. laquelle Voulons à cet égard, & en ce qui ne fe trouvera contraire au prefent Edit, eftre executée felon fa forme & teneur, le fond defquelles Amendes, enfemble de celles confignées qui nous feront adjugées, ou qui feront acquifes à noftre profit par peremption d'Inftance, defertions d'Appel, Accords, Tranfaction, ou autrement, lefdits Receveurs feront tenus de remettre à la fin de chacun quartier, à la referve feulement defdits deux fols pour livre, ès mains des Fermiers de nos Domaine aufquels lefdites Amendes appartiendront, & de compter par bref eftat avec luy, auquel effet ils leur reprefenteront leurs Regiftres de Confignations, enfemble les Extraits des Jugemens portans condamnation d'Amende, qui leur auront efté délivrez par lefdits Greffiers.

Les diligences pour le recouvrement des Amendes fe feront dans les trois mois.

Voulons que lefdits Receveurs foient tenus de faire toutes les diligences neceffaires pour le recouvrement defdites Amendes dans les trois mois, fuivant la condamnation qui en aura efté prononcée à noftre profit, après lequel temps permettons aux Fermiers de nos Domaines de pourfuivre eux-mefmes & en leurs noms le payement de ce qui aura efté recouvré par lefdits Receveurs, auquel effet lefdits Receveurs feront tenus de leur remettre tous Extraits de Sentences ou Arrefts, & autres pieces

necessaires qu'ils auront en leurs mains, sans que les Receveurs
puissent prétendre ledit Droit de deux sols pour livre des Amendes qu'ils n'auront recouvrées dans lesdits trois mois, lequel
Droit en ce cas appartiendra au Fermier qui en fera le recouvrement.

Voulons que les Fermiers & Sous-Fermiers de nos Domaines, qui ont jusqu'à present fait la recepte desdites Amendes
consignées, soient tenus aussi-tôt aprés l'expiration de leurs Baux,
de remettre entre les mains de ceux qui seront pourvûs desdits
Offices de Receveurs, les fonds qui se trouveront en leurs mains
des Amendes consignées qui n'auront encore esté adjugées, dont il
sera fait entr'eux un Etat en presence de nos Procureurs Generaux & leurs Substituts, dans toutes nos Cours & Jurisdictions,
sur les Registres qui en ont esté tenus depuis nostredit Edit du mois
d'Aoust 1669. lesquels Registres seront pareillement remis és
mains desdits Receveurs, à ce faire lesdits Fermiers, leurs Commis & autres Dépositaires contraints comme pour nos propres
deniers & affaires, au bas duquel Etat lesdits Receveurs seront
tenus de se charger des deniers & Registres, pour estre ensuite
lesdites Amendes, ensemble celles qui seront à l'avenir consignées
en leurs mains, par eux renduës aux Parties le cas échéant, ou
délivrées ausdits Fermiers dans les termes cy-dessus, & ce conformément à nostredite Declaration du 21. Mars 1671. sans qu'ils
puissent prétendre ledit Droit de deux sols pour livre des Amendes cy-devant consignées, dont la restitution sera cy-aprés ordonnée.

Défendons à toutes nos Cours & Juges de decerner aucuns Défenses aux Juges de decerner aucuns Executoires contre les Receveurs des A- mendes, pour menuës necessi- tez.
Executoires contre lesdits Receveurs pour raison de menuës ne-
cessitez, reparations d'Auditoires, ou autre dépense telle qu'elle
soit, & de disposer en aucune façon du fond desdites Amendes
à la reserve seulement de celles à Nous adjugées par les Officiers
de nos Tables de Marbre, Eaux & Forests, la moitié desquelles sera délivrée par lesdits Receveurs ausdits Fermiers de nos
Domaines, quitte de tous frais, & l'autre moitié sera employée
par lesdits Receveurs, suivant les Ordres des Grands Maistres
des Eaux & Forests, le tout conformément à l'Arrest de nostre
Conseil du 27. Aoust 1687.

Et seront tous lesdits Receveurs tenus à la fin de chacune année de compter de toute leur recepte & dépense, en presence des Fermiers de nos Domaines, sçavoir, celuy de nostre Conseil, & Requestes de nostre Hostel, pardevant celuy qui sera par Nous commis à cet effet; ceux de nos Cours de Parlement & autres, pardevant le premier President, & nostre Procureur General en chacune d'icelles, ceux des Presidiaux, Bailliages & Senechaussées pardevant les Lieutenans Generaux, Baillifs & autres premiers juges, & les Substituts de nosdits Procureurs Generaux, & ceux des Maistrises de nos Eaux & Forests pardevant les Grands Maistres, sans qu'ils soient tenus de rendre aucun compte en nos Chambres des Comptes, dont Nous les avons expressement dispensez.

Les Receveurs des Amendes compteront à la fin de chacune année.

Et seront lesdits Receveurs tenus de rapporter pour leur décharge, sur chacun article de la dépense desdits Comptes, sçavoir, pour les Amendes à Nous adjugées ou acquises à nostre profit, les Jugemens qui Nous les auront adjugées, ou des Certificats des Procureurs, de peremption d'Instance, desertion d'Appel, Accord ou Transaction, & les Quittances que les Fermiers de nos Domaines leur auront delivrées à la fin de chacun Quartier, & pour celles qu'ils auront renduës aux Parties, les Extraits des Jugemens qui en auront ordonné la restitution, & les Quittances de consignation, au dos desquelles seront les reconnoissances des Procureurs ausquels lesdites Amendes auront été renduës.

Rapporteront pour leur décharge la Dépense de leurs Comptes.

Avons aussi par le present Edit rétably & rétablissons en Titre d'Offices formez hereditaires, les anciens Offices de Receveurs & Payeurs des Epices & Vacations cy-devant créez par Edits des années 1581. & 1586. & supprimez par celuy du mois de Juillet 1626. ausquels Offices il sera par Nous pourvû sous le Titre de nôtre Conseiller, Receveur & Payeur ancien, alternatif & triennal des Epices & Vacations, & ce sçavoir, un pour la Grand' Chambre de nôtre Parlement de Paris, & un pour chacune des Chambres des Enquêtes & des Requêtes dudit Parlement, un pour nôtre Grand Conseil, un pour nostre Table de Marbre du Palais à Paris, un pour nôtre Chambre du Tresor, un pour chacun des Parlemens, Chambre de nos Comptes,

Rétablissement des Receveurs & Payeurs des Epices.

&

& Cour des Aydes de nôtre Royaume, un en nôtre Cour des Monnoyes, un aux Requêtes de nôtre Hôtel, & un en chacun des Presidiaux & autres Justices Royales ressortissantes immediatement ausdits Parlemens, à l'exception seulement de nos Parlemens de Toulouse & Grenoble, & ressorts d'iceux, dans l'étenduë desquels Nous avons déja rétably lesdits Offices, ausquels Offices Nous avons attribué pareil droit de deux sols pour livre de tout leur maniement, dont joüissoient lesdits anciens Receveurs, & qui leur seront payez par les Parties, outre lesdites Epices & Vacations, sans neanmoins qu'ils puissent decerner aucune contrainte pour lesdites Epices & Vacations, & deux sols pour livre d'icelles contre les Redevables; ni que ceux des Chambres de nos Comptes puissent prétendre ledit Droit de deux sols pour livre sur les Epices, dont Nous faisons le fond dans nos Etats, lequel fond leur sera neanmoins remis entre les mains, ainsi que de toutes les autres Epices de nosdites Chambres, pour en faire le payement & la distribution en la maniere accoutumée.

Attribution de deux sols pour livre de tout leur maniement.

Declarons lesdits Offices dans nosdites Cours de Parlement, Chambre de nos Comptes, & Cour des Aydes, & dans nôtre Grand Conseil, Cour des Monnoyes, Requêtes de nôtre Hôtel, Table de Marbre & Chambre du Tresor, compatibles avec ceux des Receveurs des Amendes créez par le present Edit en chacune desdites Cours & Jurisdictions.

Pourront les Receveurs des Epices exercer les Charges de Receveurs des Amendes.

Voulons qu'ils puissent être possedez conjointement par une seule & même personne. Et à l'égard des Presidiaux & autres Justices ressortissantes immediatement à nosdits Parlemens, Voulons que lesdits Offices de Receveurs des Epices soient & demeurent unis avec ceux de Receveurs des Amendes, pour ne faire ensemble qu'un seul & même Corps d'Office.

Faisons défense à tous Greffiers, & à toutes personnes, autres que ceux qui seront pourvûs desdits Offices, ou Commis à l'exercice d'iceux, de s'immiscer à l'avenir en la recepte desdites Epices & Vacations, ni de troubler lesdits Receveurs ou Commis, à peine de trois mille livres d'Amende, & de tous dépens, dommages & interests.

Défenses aux Greffiers de s'immiscer en la recepte desdites Epices & Vacations.

Enjoignons ausdits Greffiers & autres qui ont jusques à present fait la recepte desdites Epices & Vacations, de remettre és

Les Greffiers remettront en-

C

ete les mains mains de ceux qui seront pourvûs desdits Offices, aussi-tôt aprés
des Pourvû leur reception, les fonds restans entre leurs mains desdites Epices
le fond restant
entre leurs & Vacations, ensemble les Registres qu'ils en ont tenus, dont il
mains desdites sera fait un Inventaire en presence de nos Procureurs Generaux
Epices & Va-
cations. de nosdites Cours, & de leurs Substituts dans les Presidiaux &
autres Justices inferieures, au bas duquel lesdits Receveurs seront tenus de s'en charger.

Exemptions Et afin de donner moyen à ceux qui seront pourvûs desdits
& Privileges. Offices de Receveurs des Amendes & d'Epices créez par le present Edit, de s'appliquer uniquement aux fonctions de leurs
Charges, Nous voulons qu'ils soient exempts de Logement de
Gens de Guerre, Collecte, Tutelle, Curatelle, Guet &
Garde, & autres Charges publiques; même que ceux de nos Parlemens, Chambre des Comptes, Cour des Aydes, Grand' Conseil, Cour des Monnoyes & Table de Marbre, ensemble le Receveur des Amendes de nostre Conseil, joüissent du Droit de
Committimus, à la charge par les uns & les autres de resider actuellement dans les Villes & lieux de leur établissement.

Les Rece- Et seront tous lesdits Receveurs tenus de donner caution de
veurs tenus de leur maniement; sçavoir, celuy de nostre Conseil & Requêtes
de met cau-
t On. de nôtre Hôtel jusques à concurrence de la somme de six mille
livres, celuy de nôtre Cour de Parlement de Paris, de vingt
mille livres; ceux de nôtre Chambre des Comptes, & Cour des
Aydes à Paris, de nôtre Grand Conseil & de chacun de nos
autres Parlemens, de six mille livres; ceux des autres Chambres
de nos Comptes & Cour des Aydes, trois mille livres; ceux des
Tables de Marbre, Cour des Monnoyes, Chambre du Tresor,
& des Sieges Presidiaux, de deux mille livres; & ceux des autres
Sieges, de mil livres: Lesquelles cautions seront reçûës en presence de nos Procureurs Generaux dans lesdites Cours, & de
leurs Substituts dans les autres Sieges.

Si DONNONS EN MANDEMENT à nos amez & feaux Conseillers
les Gens tenans nôtre Cour de Parlement, Chambre de nos Comptes, & Cour des Aydes à Paris, Que le present Edit ils fassent
lire, publier & registrer, & le contenu en iceluy garder, & observer de point en point selon sa forme & teneur, sans y contrevenir, ni permettre qu'il y soit contrevenu en quelque sorte &

maniere que ce soit ; nonobstant tous Edits, Declarations, Ordonnances, Reglemens, Usages, & autres choses à ce contraires, aufquelles Nous avons expreſſement dérogé & dérogeons
par nôtre preſent Edit, aux Copies duquel collationnées par l'un
de nos amez & feaux Conſeillers & Secretaires, Voulons que
foy ſoit ajouſtée comme à l'Original ; CAR tel eſt noſtre plai-
ſir. Et afin que ce ſoit choſe ferme & ſtable à toûjours, Nous
y avons fait mettre nôtre Scel. DONNE' à Verſailles au mois
de Février, l'an de grace mil ſix cens quatre-vingt-onze ; Et
de noſtre Regne le quarante-huitiéme. Signé, LOUIS. Et
plus bas, Par le Roy, PHELYPEAUX, Et Scellé du grand
Sceau de cire verte.

Regiſtré. Oüy & ce requerant le Procureur General du Roy,
pour être executé ſelon ſa forme & teneur, & Copies collation-
nées envoyées dans les Sieges, Bailliages & Senéchauſſées du reſ-
ſort, pour y être pareillement leuës, publiées & regiſtrées. En-
joint aux Subſtituts du Procureur General du Roy d'y tenir la
main, & d'en certifier la Cour dans un mois, ſuivant l'Arreſt de
ce jour. A Paris en Parlement le quinziéme Février 1691. Signé
DU TILLET.

Regiſtré en la Chambre des Comptes, Oüy & ce requerant le
Procureur General du Rey pour être executées ſelon leur forme &
teneur : Les Chambres aſſemblées, le premier jour de Mars mil ſix
cens quatre-vingt-onze. Signé, RICHER.

DECLARATION
DU ROY,

POUR LE RE'TABLISSEMENT DES
Receveurs des Epices, & union à leurs Offices
des Receveurs des Amendes.

Du 13. Decembre 1692.

LOUIS, par la Grace de Dieu, Roy de France & de Navarre: A tous ceux qui ces Presentes verront, SALUT. Par nos Edits des mois de Février & Avril 1691. Nous avons créé & érigé en titre d'Offices formez & hereditaires des Receveurs des Amendes dans nos Cours & Justices, avec attribution de Deux sols pour livre de leur maniement; & rétably les anciens Offices de Receveurs & Payeurs des Epices & Vacations cy-devant créez par Edits des années 1581. 1586. & supprimez par celuy du mois de Juillet 1626. avec attribution aussi de pareil Droit de Deux sols pour livre de tout leur maniement, qui leur seront payez par les Parties; Declaré lesdits Offices (de nos Cours de Parlement, Chambre de nos Comptes & Cour des Aydes, Grand Conseil & Cours des Monnoyes, Requêtes de nôtre Hôtel, Table de Marbre, & Chambre du Tresor) compatibles avec ceux des Receveurs des Amendes desdites Cours & Jurisdictions, qui pourront être possedez conjointement par une seule & même personne. Et à l'égard des Presidiaux, & autres Justices ressortissantes immediatement à nosdits Parlemens, même de nos Bureaux des Finances. Nous aurions voulu que lesdits Receveurs des Epices soient & demeurent unis avec ceux des Receveurs des Amendes, pour ne faire ensemble qu'un seul & même Corps d'Office, & qu'ils soient exempts de Logemens de Gens de Guerre, Collecte, Tutelle, Curatelle, Guet &

Garde, & autres Charges publiques; même que ceux de nos
Parlemens, Chambres des Comptes, Cours des Aydes, Grand
Conseil, Cours des Monnoyes, & Table de Marbre; ensemble
le Receveur des Amendes de nôtre Conseil, joüissent du Droit
de Committimus; à la charge que tous lesdits Receveurs seront
tenus de donner caution de leur maniement, ainsi qu'il est plus
au long expliqué par nosdits Edits; au prejudice desquels plusieurs Particuliers ont prétendu continuer de faire la Recette
desdites Epices & Vacations, en vertu des Provisions ou Quittances de Finances qu'ils auroient representées en execution des
Arrests de nôtre Conseil des vingt-huit Mars & vingt-six Juin
1691. comme exceptez de la suppression portée par ledit Edit de
1626. attendu qu'en execution des Edits, Declarations & Arrests
des mois de Février 1629. dix-sept May 1632. & autres, ils auroient payé les sommes ausquelles ils auroient été taxez, pour
joüir en heredité de l'attribution d'un second sol pour livre :
Qu'en consequence dudit Edit de 1626. & autres, les fonctions
desdits Offices de Receveurs des Epices & Vacations supprimez,
ayant été unis aux Charges des Greffiers Clercs des Greffes desdites Cours & Jurisdichons, pour en joüir conjointement ou se-
parément, avec faculté à toutes personnes d'acquerir ledit Droit,
au défaut desdits Greffiers, pour en joüir ainsi qu'ils auroient pû
faire, plusieurs desdits Greffiers & Clercs auroient payé la Finance ordonnée, & au défaut des autres, plusieurs Particuliers
auroient acquis ledit Droit; & sur les Quittances de Finances
qui en auroient été délivrées, les uns & les autres auroient tous
également joüy dudit Droit, auquel Nous les avons confirmez,
& même attribué la qualité de Receveurs desdites Epices, avec
décharge de bailler caution de leur maniement, & du retranchement des deux quartiers de leurs Droits, par nôtre Edit du mois
de May 1646. Declarations du douze Decembre ensuivante, &
Arrest de nôtre Conseil du quatorze Octobre 1654. Que d'autres
avoient été rétablis & créez par Edits des mois de Janvier & Février
1633. Aoust 1634. Janvier 1635. Janvier 1638. Avril 1640. Mars 1649.
Février 1660. & Novembre 1661. & autres. Et Nous aurions re-
marqué que tous les Anciens Receveurs des Epices sont aussi bien
établis dans nos Amirautez, Vicomtez, Prevostez, Maréchaus-

sées, Vigneries, Elections, Greniers à Sel, & autres Jurisdictions, que dans nos Presidiaux, Bailliages & Senéchaussées,
avec des Attributions differentes, les uns ne joüissans que d'un
sol pour livre desdites Epices, d'autres qui ne perçoivent lesdits
Deux sols, que sur le produit des Epices à l'ordinaire, sans
rien prendre sur les Vacations de Commissaires ou Extraordinaires ; d'autres qui comme Payeurs des Gages de nos Officiers, ayant aussi la faculté de recevoir leurs Droits d'Epices,
sans neanmoins aucune Attribution particuliere, n'ont pas laissé
de percevoir lesdits Droits de Deux sols à l'instar des autres qui
en avoient le Droit : d'autres qui n'ayant payé la Finance du
supplément ordonné par nôtre Edit de May 1646. Declarations
& Arrests rendus en consequence, n'ont pas laissé de joüir du
benefice d'iceluy, & d'autres qui ont continué de joüir heredi-
tairement desdits Offices, & Droits, encore que l'heredité d'i-
ceux ait été revoquée par nôtre Edit du mois de Decembre
1663. Mais qu'enfin tous lesdits Anciens Receveurs des Epices
auroient été tacitement supprimez par nôtre Ordonnance du
mois de Mars 1673. portant qu'ils representeroient leurs Titres,
pour ensuite être pourvû à leur remboursement ; ce qui Nous
auroit fait ordonner par ledit Arrest du vingt-quatre Juillet, &
nôtre Declaration du dix-sept Septembre 1691. Que par les
Sieurs Commissaires par Nous à ce deputez, il seroit procedé
à la liquidation de la Finance desdits Offices, & Droits, sur les
Titres que lesdits Proprietaires en ont rapportez. Sur quoy ils
nous ont fait remontrer, que nôtredite Ordonnance de 1673.
ne s'expliquant point précisement sur leur suppression, on les a
laissez continuer l'exercice & fonctions de leurs Offices, & la
perception de leurs Droits ; ce qui leur a été même permis par
plusieurs Arrests de nôtre Conseil, qui ont fait cesser les trou-
bles qu'on leur faisoit à cette occasion, & qu'ils ont toûjours
été reçûs à payer l'Annuel, & les Prêts pour la conservation
de leursdits Offices, & à les resigner en faveur de ceux qui en
ont voulu traiter ; ce qui n'auroit pas été fait, si on avoit esti-
mé cette suppression constante, en sorte qu'ils étoient dans la
bonne foy : Pourquoy ils Nous auroient fait proposer de les
maintenir & conserver dans lesdits Offices, & même de les re-

tablir en tant que befoin. Ce faifant, étendre leurs fonctions
à la Recette des Epices des Sieges & Jurifdictions inferieures,
qui font dans les mêmes Villes & lieux de leur établiffement, &
d'unir à leurs Offices ceux des Receveurs des Amendes des mêmes Jurifdictions, créez par nôtre Edit du mois de Février 1691.
Et generalement tout ce qui a été attribué aux Offices nouveaux
créez par iceluy, & par nôtre Declaration du dix-fept Septembre enfuivant, aux offres de Nous payer chacun une finance
moderée, proportionnée au benefice qu'ils en recevront. A CES
CAUSES, Voulant favorablement traiter lefdits anciens Titulaires, & Proprietaires des Offices de Receveurs des Epices, en
interpretant nofdits Edits, & nôtre Ordonnance du mois de
Mars 1673. Nous avons dit, ftatué, declaré & ordonné, & par
ces Prefentes fignées de nôtre main, Difons, ftatuons, declarons & ordonnons, Voulons & Nous plaift, Que lefdits Titulaires, & Proprietaires defdits Offices de Receveurs des Epices
de nos Cours Superieures, & Jurifdictions inferieures, établis
en confequence des Edits de 1581. 1586. 1626. 1633. 1635. 1636.
1637. 1638. 1640. 1646. 1649. 1660. 1661. & autres demeurent
confervez en leurs Offices & Droits; lefquels, entant que befoin eft ou feroit, Nous avons rétablis & rétabliffons : aufquels
Offices ; fçavoir, à ceux de nos Parlemens, Chambres des
Comptes, & Cours des Aydes, excepté Paris, Nous avons
joint, uny & incorporé, joignons, uniffons & incorporons, les
Offices de Receveurs des Epices des Subftituts du Parquet de
nos Procureurs Generaux defdites Cours, créez par nôtredit Edit
du mois d'Avril 1691. pour n'être à l'avenir qu'un feul & même
Office : A ceux des Bureaux des Finances des Generalitez de nôtre Royaume, Nous y avons auffi joint, uny & augmenté la
fonction de recevoir les Amendes qui Nous feront adjugées par
les Officiers de nofdits Bureaux, conformément à nôtredit Edit
du mois d'Avril 1691. ceux des Sieges generaux des Eaux & Fo-
refts, & de l'Amirauté des Tables de Marbre, des Prefidiaux,
Bailliages & Senéchauffées, Prevôtez, Vicomtez, Elections, &
autres Juftices Royales étant dans les Villes de l'établiffement de
nofdits Parlemens ; Nous y avons auffi joint, uny, incorporé,
& augmenté les fonctions de Recevoir les Amendes des mêmes

Sieges & Jurisdictions, pour n'être à l'avenir qu'un même Office.
Voulons qu'il puisse y avoir autant d'Offices qu'il y aura de Jurisdictions distinctes & separées dans lesdites Villes, ou qu'il en puisse
être joint & uny plusieurs ensemble, pour ne composer qu'un seul
Office, à la volonté des Proprietaires d'iceux : Et à l'égard de
ceux de nos autres Sieges Presidiaux, Bailliages, Senéchaussées,
& principales Justices Royales étant dans les autres Villes de
nôtre Royaume, Nous y avons pareillement joint, uny & incorporé, & augmenté les fonctions de recevoir toutes les Epices
& Vacations des Officiers des autres Sieges & Jurisdictions inferieures Royales, qui sont dans chacune des mêmes Villes, ou
qui sont du Ressort ou dépendance d'icelles, tant ressortissantes en nos Cours de Parlemens mediatement, ou immediatement, qu'en nos Cours des Aydes; comme aussi les Offices de
Receveurs des Amendes des mêmes Sieges & Jurisdictions
Royales, pour être à l'avenir, & ne faire qu'un seul & même
Office en chacune des Villes & dépendances d'icelles. Voulons
à cet effet, que celuy qui sera Proprietaire de l'Office de Receveur des Epices de la principale Jurisdiction de chacune desdites Villes, ait la faculté de rembourser, si bon luy semble, les
Proprietaires de celles des autres Jurisdictions inferieures, de
leur finance, suivant la liquidation qu'ils en auront fait faire au
Conseil, ou de les laisser jouïr jusqu'à ce qu'ils puissent ou veuillent les rembourser; pour après ledit remboursement fait, jouïr
des Droits comme unis à son Office : ausquels Offices de Receveurs des Epices, Vacations & Amendes de nosdites Cours,
Bureaux de nos Finances, & de nos Bailliages, Senéchaussées
& Jurisdictions Royales de nos Villes & Sieges inferieurs, Nous
avons attribué & attribuons la qualité de nos Conseillers, Receveurs, Payeurs des Epices, Vacations de nos Officiers, & des
Amendes desdits Sieges, anciens, alternatifs, & triennaux, Voulons qu'ils joüissent de tous les Privileges & Exemptions qui
leur ont été attribuez, tant par les Edits de leur création que par
nôtre Edit du mois de Février 1691 Et qu'ils joüissent tous également à l'avenir de Deux sols pour livre de toutes les Epices &
Vacations des Juges, tant à l'ordinaire, qu'à l'extraordinaire,
ou de Commissaires, qui leur seront payez par les Parties,

outre

outre lesdites Epices & Vacations; ainsi que de deux sols pour
livre de toutes les Amendes qui seront adjugées, ou qui seront
consignées. Voulons pareillement qu'ils jouïssent tous du rétablissement que Nous leur accordons par ces Presentes, de l'heredité de leursdits Offices, & Droits revoquez par nôtre Declaration du mois de Decembre 1663. & qu'ils soient déchargez
& dispensez, comme Nous les dechargeons & dispensons; ensemble ceux qui seront établis en consequence de nos Edits des
mois de Février & Avril 1691. de bailler caution de leur maniement, conformément à nôtre Edit du mois de May 1646. attendu le retablissement de l'heredité ; comme aussi que ceux qui
n'ont pas payé la Taxe du supplément ordonné par nôtredit
Edit du mois de May 1646. Declaration du douze Decembre
ensuivant & Arrest de nôtre Conseil du quatorze Octobre 1654.
ne laissent de joüir du benefice d'iceux, à la charge de payer les
sommes pour lesquelles ils seront employez dans les Rôles qui
seront arrestez en nôtre Conseil, tant pour être confirmez &
rétablis dans leursdits Offices & Droits y attribuez, augmenta-
tions de fonctions, retablissement d'heredité, dispense de bailler caution, & autres Droits & Privileges portez par ces Presentes: lesquelles seront payées ; sçavoir, le principal sur les Quittances du Tresorier de nos Revenus Casuels , & les Deux sols
pour livre sur celles de Maistre Jean Fumée, que Nous avons
chargé du recouvrement de la Finance desdits Offices, sans que
ceux qui sont presentement pourvûs desdits Offices de Receveurs
des Epices, soient tenus de prendre de Nous de nouvelles Lettres de Provisions, ni de payer aucun Droit de Marc d'or pour
raison de l'union desdits Offices de Receveurs des Amendes, &
d'autres Jurisdictions, dont ils joüiront en vertu des Quittances
de Finances qui leur seront expediées , en execution de ces Presentes : Et à l'égard de ceux qui n'ont que de simples Quittances
de Finances de l'attribution dudit Droit de Deux sols pour livre desdites Epices, ausquels le titre & qualité de Receveur a
été attribué par nôtre Edit du mois de May 1646. Nous leur
laissons la liberté de continuer d'en joüir sur lesdites Quittances
de Finances , & sur celles qui leur seront délivrées, ou d'obtenir
nos Lettres de Provisions, que Nous voulons en ce cas leur être

D

expediées sous le titre & qualité de nos Conseillers, Receveurs, Payeurs hereditaires, anciens, alternatifs & triennaux des Epices & Vacations, & de Receveurs des Amendes, conformément audit Edit du mois de Février 1691. Declaration du dix-sept Septembre audit an, & des Presentes, en payant seulement le Droit de Marc d'or, que Nous avons moderé pour ceux de nos Cours à dix livres, & pour ceux des Justices inferieures unies, à six livres pour la premiere fois seulement : Et seront au surplus nos Edits des mois de Février & Avril 1691. & Declaration du dix-sept Septembre ensuivant, executez, & les Offices de Receveurs des Epices & Amendes, créez par iceux, vendus en la maniere accoûtumée dans les Cours, & Justices des lieux où il n'y a aucuns anciens Proprietaires d'iceux. Si DONNONS EN MANDEMENT à nos amez & feaux Conseillers les Gens tenans nôtre Cour de Parlement, Chambre des Comptes & Cour des Aydes à Paris, que ces Presentes ils ayent à faire registrer, & le contenu en icelles garder & observer selon leur forme & teneur, nonobstant tous Edits, Declarations, Reglemens, & autres choses à ce contraires, ausquels Nous avons dérogé & dérogeons par ces Presentes : aux copies desquelles collationnées par l'un de nos amez & feaux Conseillers-Secretaires, Voulons que foy soit ajoûtée comme à l'Original : CAR tel est nôtre plaisir. En témoin de quoy Nous avons fait mettre nôtre Scel à cesdites Presentes. DONNE' à Versailles le treziéme jour de Decembre, l'an de grace mil six cens quatre-vingt-douze, & de nôtre Regne le cinquantiéme. *Signé*, LOUIS, *& plus bas* par le Roy, PHELIPEAUX. Et scellé.

Registré, Oüy, & ce requerans le PROCUREUR GENERAL du ROY, pour être executées selon leur forme & teneur : & copies collationnées envoyées aux Sieges, Bailliages & Senéchaussées du Ressort, pour y être pareillement lûës, publiées & enregistrées. Enjoint aux Substituts du Procureur General du Roy d'y tenir la main, & d'en certifier la Cour dans un mois, suivant l'Arrest de ce jour. A Paris en Parlement le 13. Decembre 1692. Signé Du TILLET.

ARREST
DU CONSEIL D'ESTAT
DU ROY,

Du premier May 1691.

Qui ordonne qu'en attendant la vente des Offices de Receveurs des Amendes, Epices & Vacations, créez par Edit du mois de Mars 1691. ceux qui seront commis à l'exercice d'iceux par Maistre Jean Fumée, chargé par Sa Majesté du Recouvrement de la Finance qui doit provenir de la vente desdits Offices, les Greffiers & autres qui ont fait & font la Recette desdites Amendes, seront tenus de percevoir les Deux sols pour livre attribuez ausdits Offices, & d'en compter audit Fumée.

Extrait des Registres du Conseil d'Etat.

L E ROY ayant par Resultat & Arrests de son Conseil des six & vingt-huit Mars dernier chargé Maistre Jean Fumée du Recouvrement de la Finance qui doit provenir de la vente des Offices de Conseillers du Roy Receveurs des Amendes, Epices & Vacations, dans les Cours & Justices du Royaume, de Conseillers Verificateurs & Rapporteurs des Défauts, & Contrôleurs des Exploits, créez par Edits des mois de Février & Mars derniers, & ordonné qu'en attendant la vente desdits Offices, ledit Fumée y pourroit commettre, ou en faire per-

D ij

evoir les Droits, en conséquence desquels Arrests ledit Fumée auroit commis en plusieurs endroits, & dans les autres, fait signifier lesdits Arrests aux Greffiers & autresqui ont jusqu'à present fait la fonction & exercice desdits Offices, avec Sommation de percevoir les Droits attribuez par lesdits Edits; & comme il y en a qui font des difficultez ou apportent du retardement à la perception desdits Droits sous divers prétextes; ceux du Parlement de Bordeaux prétendant même que l'Edit du mois d'Aoust 1669. & Déclaration du vingt-quatre Mars 1671. au sujet desdites Consignations d'Amendes, ne s'y executent pas, à quoy estant necessaire de pourvoir: Oüy le Rapport du Sieur Phelypeaux de Ponchartrain, Conseiller ordinaire au Conseil Royal, Contrôleur General des Finances. SA MAJESTE' EN SON CONSEIL, A Ordonné & Ordonne que conformément à l'Edit du mois d'Aoust 1669. & Declaration du vingt-quatre Mars 1671. il ne sera à l'avenir receu aucun appellant, inscrivant en faux, ni impetrant de Requête Civile, au Parlement de Bordeaux, ni autres Cours du Royaume, ni dans les Presidiaux & autres Justices,qu'il n'ait été actuellement Consigné és mains de ceux qui font ladite Recette des Amendes, Sçavoir dans lesdits Parlemens & autres Cours Superieures, mème aux Requêtes de l'Hôtel & du Palais, douze livres pour chacune Appellation, quatre cens cinquante livres pour Requête Civile contre un Arrest contradictoire, deux cens vingt-cinq livres pour celle contre un Arrest par défaut ou forclusion, & cent livres pour chacune inscription de Faux, à l'égard des Presidiaux & autres Justices ressortissantes immediatement aux Cours Superieures, six livres pour chacune Appellation, & soixante livres pour chacune Inscription de Faux; & à l'égard des autres Justices, trois livres pour Appellation, & vingt livres pour Inscription; Enjoint Sa Majesté aux Procureurs Generaux & leurs Substituts dans lesdites Cours & Jurisdictions de tenir la main à l'execution desdits Edits & Declaration; Ordonne qu'en attendant la vente desdits Offices de Receveurs des Amendes, Epices & Vacations, ceux qui y seront commis par ledit Fumée, ou les Greffiers & autres qui en ont fait & font la Recette, seront tenus de percevoir les Deux sols pour fivre attribuez aufdits Offices par ledit Edit du mois de Mars dernier, & d'en compter audit Fumée, à peine d'en demeurer responsables en leurs noms, de cinq cens livres d'Amande, & de tous dépens, dommages & interêts; Enjoint aux Sieurs Commissaires départis dans les Provinces de tenir la main à l'execution du present Arrest. FAIT au Conseil d'Etat du Roy, tenu à Versailles le premier jour de May 1691. Callationné. Signé, COQUILLE.

LOUIS, par la grace de Dieu, Roy de France & de Navarre, Dauphin de Viennois, Comte de Valentinois, Dyois, Provence, Forcalquier & Terres adjacentes, Aux Sieurs Commissaires par Nous départis pour l'execution de nos Ordres dans les Provinces & Generalitez de nôtre Royaume, SALUT. Par l'Arrest dont l'Extrait est cy-attaché sous le Contre-Scel de nôtre Chancellerie, ce jourd'huy donné en nôtre Conseil d'Etat pour l'execution de nôtre Edit du mois d'Aoust 1669. & Declaration du vingt-quatre Mars 1671. concernant sa Consignation des Amendes, tant en nôtre Cour de Parlement de Bordeaux, que dans les autres Cours & Jurisdictions de nôtredit Royaume. Nous avons entre autres choses Ordonné qu'en attendant la vente des Offices de Receveurs desdites Amendes & des Epices & Vacations creez par autre nôtre Edit du mois de Mars dernier, ceux qui seront commis à l'exercice d'iceux par Jean Fumée, que Nous avons chargé du Recouvrement de la Finance qui doit provenir desdits Offices, ou les Greffiers & autres qui ont fait & font la Recette desdites Amendes, seront tenus de percevoir les Deux sols pour livre que Nous avons attribuez aufdits Offices par nôtredit Edit du mois de Mars dernier, & d'en compter audit Fumée sur les peines portées par ledit Arrest. A CES CAUSES, Nous vous mandons & enjoignons de tenir la main, chacun à vôtre égard, à l'execution d'iceluy, & à nos Procureurs Generaux & à leurs Substituts esdites Cours & Jurisdictions, de tenir pareillement la main, chacun dans l'étendue de leur Ressort, à l'execution de nosdits Edits & Declarations; Commandons au premier nôtre Huissier ou Sergent sur ce requis, faire en consequence à la

Requête dudit Fumée, ses Procureurs, Commis & Préposez, toutes Significations, Commandemens, Sommations & autres Actes & Exploits necessaires, sans autre permission, nonobstant Clameur de Haro, Chartre Normande, & Lettres à ce contraires : Voulons qu'aux Copies dudit Arrest & des Presentes collationnées par l'un de nos Amez & Feaux Conseillers & Secretaires, foy foit ajoûtée comme aux Originaux : CAR tel est nôtre plaisir. DONNE' à Versailles le premier jour de May, l'an de grace mil six cens quatre-vingt onze ; & de nôtre Regne le quarante-huitiéme. Par le Roy Dauphin, Comte de Provence en son Conseil. Signé, COQUILLE. Et Scellé.

ARREST
DU CONSEIL D'ETAT DU ROY.

Du premier May 1691.

Qui ordonne que les Greffiers, Commis, ou ceux Préposez par les Cours, & autres Jurisdictions, leurs Veuves, Enfans ou Heritiers, seront tenus trois jours aprés la publication du present Arrest , remettre és mains de ceux qui seront pourvûs & reçûs aux Offices de Receveurs des Epices & Vacations , les fonds restans entre leurs mains desdites Epices & Vacations des Procés qui se jugent tant à l'ordinaire que de grands & petits Commissaires, &c.

Extrait des Registres du Conseil d'Etat.

SUR ce qui a été representé au Roy en son Conseil par Maître Jean Fumée, Commis par Sa Majesté au Recouvrement des Deniers provenans de la Vente des Offices de Re-

ceveurs des Epices & Vacations des Procés qui fe jugent tant à
l'ordinaire que de grands & petits Commiffaires dans toutes les
Cours & Jurifdictions, créez par Edit du mois de Février dernier; qu'encore que par ledit Edit Sa Majefté ait ordonné aux
Greffiers & autres qui ont jufqu'à prefent fait la Recette defdites
Epices & Vacations, de remettre és mains de ceux qui feront
pourvûs defdits Offices, auffi-tôt aprés leur Réception, les fonds
reftans entre leurs mains des Epices & Vacations, enfemble les
Regiftres qu'ils en ont tenus, dont il feroit fait Inventaire en
prefence des Procureurs Generaux de Sa Majefté efdites Cours,
& de leurs Subftituts dans les Prefidiaux & autres Juftices inferieures; au bas duquel lefdits Receveurs feroient tenus de s'en
charger; neanmoins la plûpart des Greffiers, leurs Commis, ou
ceux Prépofez par nos Cours & Jurifdictions, leurs Veuves,
Enfans ou Heritiers, ne laiffent pas d'avoir encore en leur poffeffion les Regiftres, & retiennent les deniers qui leur ont été
confignez, tant pour les Vacations des Procés non jugez, que
pour les Epices des Arrefts & Jugemens qui ont été rendus &
levez. Mais comme il eft neceffaire pour la feureté du Public
de prévenir les inconveniens qui pourroient par la fuite arriver,
foit par le decés de ceux qui ont entre leurs mains lefdits Regiftres, foit même par leur defordre & par la diffipation qui fe
pourroit faire des deniers; Requeroit ledit Fumée qu'il plût à
Sa Majefté y pourvoir; V E U ledit Edit: O û y le Rapport du
Sieur Phelypeaux de Pontchartrain Confeiller ordinaire au Confeil Royal, Contrôleur General des Finances. SA MAJESTE'
EN SON CONSEIL, a Ordonné & Ordonne que l'E-
dit du mois de Février dernier fera executé felon fa forme & teneur, & en confequence les Greffiers, Commis, ou ceux Prépofez par les Cours & autres Jurifdictions, leurs Veuves, Enfans & Heritiers, feront tenus trois jours aprés la publication du
prefent Arreft, de remettre és mains de ceux qui feront pourvûs
& reçûs aufdits Offices, les fonds reftans entre leurs mains defdites
Epices & Vacations des Procés qui fe jugent tant à l'ordinaire
que de grands & petits Commiffaires, enfemble les Regiftres
qu'ils en ont tenus, & ceux de leurs predeceffeurs & devanciers,
defquels Regiftres & deniers il fera fait un Inventaire en prefence

des Procureurs Generaux dans lesdites Cours, & de leurs Substituts dans les Presidiaux & autres Justices inferieures, au bas duquel les nouveaux pourvûs & reçûs seront tenus de s'en charger, ce faisant lesdits Greffiers, leurs Veuves, Enfans & Heritiers, ou autres qui ont jusqu'à present fait la Recette desdites Epices & Vacations, en demeureront bien & dûëment déchargez. FAIT au Conseil d'Etat du Roy tenu à Versailles le premier jour de May mil six cens quatre-vingt-onze. Collationné. Signé COQUILLE.

LOUIS, par la grace de Dieu, Roy de France & de Navarre, Dauphin de Viennois, Comte de Valentinois, Dyois, Provence, Forcalquier & Terres adjacentes; Au premier des Huissiers de nos Conseils, ou autre nôtre Huissier ou Sergent sur ce requis. Nous te mandons & commandons que l'Arrest, dont l'Extrait est cy-attaché sous le Contre-Scel de nôtre Chancellerie, ce jourd'huy donné en nôtre Conseil d'Etat, sur la Requête à Nous presentée par Jean Fumée par Nous commis au Recouvrement des deniers provenans de la Vente des Offices de Receveurs des Epices & Vacations des Procés qui se jugent tant à l'ordinaire que de grands & petits Commissaires dans toutes les Cours & Jurisdictions, créez par nôtre Edit du mois de Février dernier; Tu signifie aux Greffiers, Commis, & Préposez par lesdites Cours & Jurisdictions à la Recette desdites Epices & Vacations, ensemble à leurs Veuves, Enfans & Heritiers, & tous autres qu'il appartiendra, à ce qu'ils n'en ignorent; Et fasse en outre pour l'entiere execution dudit Arrest, & pour faire remettre és mains de ceux qui seront pourvûs desdits Offices, les fonds restez és mains desdits Greffiers, Commis & Préposez, desdites Epices & Vacations, ensemble leurs Registres, A la Requête dudit Fumée, ses Procureurs, Commis & Préposez, tous Commandemens, Sommations, & autres Actes & Exploits necessaires, sans autre permission, nonobstant Clameur de Haro, Charte-Normande & Lettres à ce contraires: Voulons qu'au Copies dudit Arrest & des Presentes collationnées par l'un de nos amez & feaux Conseillers & Secretaires, foy soit ajoutée comme aux Originaux: CAR tel est nôtre plaisir. DONNE' à Versailles le
premier

premier jour de May l'an de grace mil six cens quatre-vingt-onze,
& de nôtre Regne le quarante-huitiéme. Par le Roy Dauphin
Comte de Provence en son Conseil. Signé, COQUILLE.
Et scellé.

ARREST
CONTRADICTOIRE
DU CONSEIL D'ESTAT
DU ROY,

Du neuviéme Mars 1694.

QUI Ordonne que le Recouvrement des Amendes adjugées
à Sa Majesté, qui appartiennent aux Fermiers de ses Domaines, sera fait par les Receveurs des Amendes créez par l'E-
dit du mois de Février 1691 Et que le Recouvrement de celles qui seront adjugées à Maitre Pierre Pointeau, ses Sous-
Fermiers ou Arriere-Fermiers ; pour raison des Gabelles,
Cinq grosses Fermes, Aydes, Tabac, & autres Droits y
joints, sera fait par eux ou leurs Commis : Et à l'égard des
Epices, des Arrests & Jugemens par eux obtenus, qu'ils seront tenus d'en payer les Deux sols pour livre ausdits Receveurs, &c.

Extrait des Registres du Conseil d'Etat.

SUR les Requêtes respectivement presentées au Roy en son
Conseil ; l'une par Claude Fouchet, Conseiller de Sa Majesté & Receveur des Epices, Vacations & Amendes des Jurisdictions Royales de Peronne ; l'autre par Maitre Pierre Pointeau,
Fermier general des Fermes Unies. Celle dudit Fouchet conte-

E

nant, Que quoyqu'aux termes de l'Edit de Création de sa Charge & de la Declaration du treize Decembre 1692. il fut en droit de recevoir toutes les Amendes, Epices & Vacations des Officiers desdites Jurisdictions, avec les deux sols pour livre; neanmoins lesdits Officiers, entr'autres ceux de l'Election, étans chagrins de cette Création, auroient resolu de le traverser, & à cet effet luy auroient fait plusieurs difficultez sur sa Reception & Installation; ce qui l'auroit obligé d'avoir recours au Sieur Chauvelin Intendant de la Justice, Police & Finance en Picardie, qui auroit par son Ordonnance du vingt-trois Janvier 1693. ordonné que dans trois jours ledit Suppliant seroit reçû & installé en ladite Election & Grenier à Sel, & fait défenses aux Greffiers desdites Jurisdictions, de délivrer aucuns Jugemens ni Sentences avec Taxes d'Epices, qu'il ne luy eût aparu de la Quittance du Suppliant desdites Epices; à laquelle Ordonnance n'ayant pas voulu déferer, cela auroit donné lieu à une deuxiéme du six Avril audit an 1693. par laquelle lesdits Officiers auroient été condamnez de payer solidairement au Suppliant la somme de cent vingt livres, pour les Deux sols pour livre & Vacations par eux perçûs, & défenses leur auroient été faites de le troubler aux fonctions de sa Charge: ce que voyant, lesdits Officiers auroient suscité Maître Pierre Pointeau, Adjudicataire General des Gabelles, ou Gilles Juernel son Commis, & l'auroient obligé de faire refus au Suppliant de luy payer les Epices & Vacations des Sentences qui se rendent ausdites Jurisdictions en matiere Criminelle, à la Requête dudit Pointeau; ce qui auroit obligé le Suppliant d'avoir derechef recours audit Sieur Chauvelin, qui par une troisiéme Ordonnance du dix-neuf Octobre dernier, auroit ordonné que ledit Juernel vuideroit ses mains en celles dudit Suppliant des Epices & Amendes par luy reçûës, en consequence des Sentences renduës pour le fait des Gabelles, ensemble des Deux sols pour livre desdites Epices & Amendes, avec défenses de recidiver; à laquelle Ordonnance n'ayant pas voulu satisfaire, par une quatriéme du deuxiéme Decembre aussi dernier, il a été ordonné qu'elle seroit executée même par corps, nonobstant Oppositions & Appellations. Lorsque lesdits Officiers, Pointeau & Juernel son Commis, ont vû les choses en cet état, n'osant pas appeller des sus-

dites Ordonnances, se sont avisez d'agir par des voyes indirectes,
pour en détourner ou éloigner l'execution ; & ils ont eu le credit
de faire écrire audit Sieur Chauvelin, de donner ses ordres au Suppliant pour l'obliger de surseoir l'execution de ses Ordonnances,
jusqu'à ce qu'une contestation qu'on luy a fait entendre être au
Conseil, pour raison de ce que dessus, soit vuidée & terminée ;
ce que ledit Sieur Intendant a executé par sa Lettre missive du
vingt-quatre dudit mois de Decembre, à quoy le Suppliant a
obéï ; mais en même temps il a été conseillé d'avoir recours à la
Justice de Sa Majesté & de son Conseil. A CES CAUSES,
& attendu que lesdites Ordonnances sont conformes aux Edits
& Declarations, & entr'autres à celle du treize Decembre 1692.
& à ce qui se pratique aux Jurisdictions d'Amiens & Roye, & à la
Cour des Aydes de Paris, comme il se justifie par des Certificats
que le Suppliant rapporte des Receveurs des Epices, Vacations
& Amendes desdites Jurisdictions ; REQUEROIT ledit Suppliant qu'il plût à Sa Majesté ordonner que ses Edits & Declarations, ensemble les Ordonnances du Sieur Chauvelin desdits jours
vingt-trois Janvier, six Avril, dix-neuf Octobre & deux Decembre 1693. seront executez selon leur forme & teneur ; ce faisant,
pour obvier à toutes contestations à l'avenir, ordonner que conformément à iceux le Suppliant recevra des mains des Parties, les
Epices & Vacations, avec les Deux sols pour livre de toutes les
Sentences qui se rendent sur des Deffauts & autrement, tant au
Bailliage de Peronne, qu'en l'Election & Grenier à Sel du même
lieu, même par les Commissaires Enquêteur & Examinateur,
tant en matiere Civile que Criminelle ; & à cet effet ordonner
que suivant qu'il est observé à l'égard dudit Bailliage, les Sentences qui se rendront ausdites Elections & Greniers à Sel, tant à la
Requête dudit Pointeau, que d'autres Particuliers, seront mises
incontinent après être signées, és mains du Suppliant, pour recevoir les Epices & Vacations. & ensuite être renduës aux Greffiers, pour en faire les Expeditions aux Parties, & faire défenses
ausdits Greffiers, & autres Officiers desdites Jurisdictions, de
contrevenir aux Edits, Declarations, & à l'Arrest qui interviendra : & en cas de contravention, en attribuer la connoissance audit
Sieur Chauvelin, Intendant en Picardie. CELLE dudit Pointeau,

E ij

contenant que les Receveurs des Epices & Amendes créez par
Edit du mois de Février 1691. se sont avisez depuis quelque temps
de prétendre non seulement que le Suppliant doit leur payer les
Deux sols pour livre des Epices qui sont payées aux Officiers des
Elections & Greniers à Sel, pour les Procès faits aux Faux-Sauniers & aux Fraudeurs de Tabac, mais encore que les Amendes qui
sont prononcées au profit du Suppliant, contre lesdits Faux-Sauniers & Fraudeurs de Tabac, doivent être mises entre leurs mains,
sous prétexte que par ledit Edit ils sont créez pour recevoir toutes
les Amendes, tant Civiles que Criminelles, qui sont adjugées à
Sa Majesté : laquelle prétention n'est pas soutenable, parce qu'à
l'égard des Amendes lesdits Receveurs ne sont créez que pour recevoir celles qui appartiennent aux Fermiers des Domaines, & qui
étoient reçües auparavant ledit Edit par des Commis par eux préposez, & non pour recevoir celles qui sont adjugées pour les contraventions aux Droits de la Ferme des Gabelles, Aydes, Cinq
grosses Fermes, Tabac, & autres Fermes ; ce qui est si vray que
par ledit Edit il est porté en termes exprés, que lesdits Receveurs
en Titre remettront à la fin de chacun quartier les Amendes qu'ils
auront reçües entre les mains des Fermiers des Domaines, ausquels les Amendes appartiendront ; ce qui prouve sensiblement
que l'intention de l'Edit n'est pas qu'ils reçoivent celles qui appartiennent aux Fermiers des autres Fermes, & que suivant l'Ordonnance de 1680. doivent être mises entre les mains des Commis de
l'Adjudicataire pour luy en rendre compte. Et quant à ce qui re-
garde les Deux sols pour livre des Epices, outre que par ledit Edit
du mois de Février 1691. il ne paroit pas qu'il y ait aucune Création de Receveurs des Epices dans les Sieges des Elections &
Greniers à Sel, mais seulement dans les Justices Royales ressortissantes immediatement aux Parlemens : il est certain que le Fermier
étant obligé par sa qualité de veiller à la conservation des Droits
de Sa Majesté, & pour cela de faire faire le Procès aux Faux-Sauniers & Fraudeurs de Tabac, qui sont la plûpart Gens vagabonds
& insolvables, & contre lesquels il ne fait prononcer des condamnations d'Amendes, que pour les obliger de quitter leur mauvais
Commerce, dans la crainte d'être surpris en recidive, & de su-
bir les peines afflictives prononcées par les Ordonnances ; il fau-

droit que le Suppliant payât en pure perte aufdits Receveurs des Epices les Deux fols pour livre par eux prétendus ; ce qui feroit trop à charge aux Fermes de Sa Majesté à caufe du grand nombre defdits Faux-Sauniers & Fraudeurs de Tabac. D'ailleurs l'Edit portant que les Deux fols pour livre feront payez par les Parties ; ce qui fe doit entendre par les Parties condamnées, du moins cela ne devroit avoir lieu que lorfque le Fermier auroit été payé des frais par luy faits, ce qui n'arrive prefque jamais, à caufe de l'infolvabilité defdits Faux-Sauniers & Fraudeurs de Tabac, qui fait que la plus grande partie des condamnations pecuniaires prononcées contr'eux, font converties en peines afflictives, fuivant les Ordonnances & Declarations ? A quoy le Suppliant ajoûte, qu'il n'y a point de principe pour croire que l'intention de Sa Majefté ait été que la difpofition dudit Edit eût lieu dans les Procés intentez pour raifon de fes Droits, & à la Requête de fes Fermiers ; foit que Sadite Majefté eft la veritable Partie dans lefdits Procés, foit parce que dans la plûpart des Elections & Greniers à Sel, il n'eft pas d'ufage de payer des Epices pour les Sentences qui y font renduës contre lefdits Faux-Sauniers & Fraudeurs de Tabac, mais feulement de donner aux Officiers une fomme par chacun an, dont le Fermier convient avec eux, pour leurs Vacations extraordinaires dans les Procés Criminels, fous le bon plaifir des Sieurs Commiffaires départis dans les Provinces, de forte qu'il feroit manifeftement injufte que le Suppliant payât les Deux fols pour livre des Epices que lefdits Officiers ne fe taxent point, & plus encore que lefdits Receveurs des Amendes reçuffent celles qui luy font adjugées, pour les contraventions aux Ordonnances des Gabelles, Cinq groffes Fermes, Aydes, Tabac, & autres qui luy appartiennent, & qui doivent être touchées par fes Commis, comme faifant partie du prix de fon Bail ; Surquoy il auroit requis qu'il plût à Sa Majefté luy pourvoir : O ù y le Rapport du Sieur Phelypeaux, Confeiller ordinaire au Confeil Royal, Contrôleur General des Finances. LE ROY EN SON CONSEIL, Faifant Droit fur lefdites Requêtes, a ordonné & ordonne, Que le Recouvrement des Amendes adjugées à Sa Majefté, lefquelles appartiennent aux Fermiers de fes Domaines, fera fait conformément audit Edit du mois de Février 1691. par les Receveurs des

Amendes : Et à l'égard de celles adjugées audit Pointeau, ses
Sous-Fermiers ou Arriere-Fermiers, pour raison des Gabelles,
Cinq grosses Fermes, Aydes, Tabac, & Droits y joints, le Recouvrement en sera fait par eux, ou leurs Commis, de même &
ainsi qu'ils auroient pû faire avant ledit Edit ; & fait défenses aux
Receveurs des Amendes, Elections & tous autres Sieges, de s'y
immiscer, à peine de tous dépens, dommages & interests. Et à l'é-
gard des Epices des Arrests & Jugemens obtenus par ledit Pointeau, ses Sous-Fermiers, & Arriere-Fermiers, Ordonne Sa Majesté qu'ils seront tenus d'en payer les Deux sols pour livre aux
Receveurs des Epices desdites Cours & Sieges, auquel effet les
Minutes desdits Arrests & Jugemens sur lesquels il y aura des
Epices, seront mises entre les mains desdits Receveurs pour en
faire le recouvrement, ensemble desdits Deux sols pour livre ;
& fait défenses ausdits Greffiers de délivrer des Expeditions desdits Arrests & Jugemens, avant que lesdites Epices & Deux
sols pour livre ayent été payez, à peine d'en répondre en
leur propre & privé nom, Et sera le present Arrest executé, nonobstant oppositions ou empêchemens que conques, dont si aucuns interviennent, Sa Majesté s'est reservé la connoissance, &
icelle interdit à toutes ses autres Cours & Juges. FAIT au Conseil d'Etat du Roy, tenu à Versailles le neuviéme jour de Mars
mil six cens quatre-vingt-quatorze. Collationné. Signé,
GOUJON.

LOUIS, par la grace de Dieu, Roy de France & de Navarre, Dauphin de Viennois, Comte de Valentinois,
& Dyois, Provence, Forcalquier & Terres adjacentes : Au premier nôtre Huissier ou Sergent sur ce requis. Nous te mandons
& commandons que l'Arrest dont l'Extrait est cy-attaché sous le
Contre-Scel de nôtre Chancellerie, ce jourd'huy donné en nôtre Conseil d'Etat, sur les Requêtes à Nous respectivement presentées en iceluy, l'une par Claude Fouchet, nôtre Conseiller-
Receveur des Epices, Vacations & Amendes des Jurisdictions
Royales de Peronne ; l'autre par Pierre Pointeau, Fermier General de nos Fermes Unies ; Tu signifies aux y dénommez & à
tous autres qu'il appartiendra, à ce qu'ils n'en ignorent, & fasse

en outre pour l'entiere execution dudit Arrest, A la Requête dudit Pointeau, tous Commandemens, Sommations, Défenses y
contenuës sur les peines y portées, & autres Actes & Exploits
necessaires, sans autre Permission, nonobstant Clameur de Haro, Charte-Normande & Lettres à ce contraires, Oppositions ou
Empêchemens quelconques, dont si aucuns interviennent, Nous
nous reservons la connoissance, icelle interdisons à toutes nos autres Cours & Juges. VOULONS qu'aux Copies dudit Arrest &
des Presentes, collationnées par l'un de nos amez & feaux, Conseillers-Secretaires, foy soit ajoûtée comme aux Originaux; CAR
tel est nôtre plaisir. DONNE' à Versailles, le neuviéme jour de
Mars, l'an de grace mil six cens quatre-vingt-quatorze; Et de nôtre Regne le cinquante-uniéme. Par le Roy, Dauphin, Comte
de Provence, en son Conseil. Signé, GOUJON. Et Scellé.

ARREST
DU CONSEIL D'ETAT
DU ROY,

Du 7. Septembre 1700.

QUI Ordonne que les Receveurs des Epices & Vacations de la Province de Bretagne, recevront
les Epices & Vacations des Justices où ils sont
établis.

Extrait des Registres du Conseil d'Etat.

SUR la Requeste presenté au Roy en son Conseil par
Pierre de la Porte, Bourgeois de Paris, chargé du recouvrement de la finance, qui doit provenir des Taxes faites
sur les Receveurs des Consignations, Epices, & Vacations de

F

la Province de Bretagne, en execution de la Declaration du
27. Fevrier 1700. contenant que bien que les Receveurs des
Epices & Vacations, ayent en vertu des Edits de creation de
leurs Offices du mois de Fevrier & Avril 1691. & la Declaration du 13. Decembre 1692. droit de recevoir les Epices &
Vacations des Juges & du Parquet, tant à l'ordinaire qu'à
l'extraordinaire, & des Commissaires, outre les Epices &
Vacations des autres Officiers, pour le rapport des Procés,
avec les deux sols pour livre des sommes ausquelles elles se
trouvent monter; cependant les Titulaires desdites Offices dans
la Province de Bretagne se plaignent qu'ils ne reçoivent point les
Epices & Vacations pour les Conclusions du Parquet des Gens du
Roy, ny des Commissions qui se font, tant à la Ville qu'à la Cam-
pagne : ce qui auroit obligé lesdits Receveurs des Epices &
Vacations d'offrir de payer le Supplement qui leur est deman-
dé, en vertu de ladite Declaration du 27. Fevrier dernier,
s'il plaisoit à Sa Majesté de les faire paisiblement joüir de tous
les droits, fonctions, & émolumens à eux attribuez à leurs
Offices. A CES CAUSES, requeroit qui luy fût sur ce pourvû par Sa Majesté. Veu ladite Requeste, l'Edit de creation
des Offices de Receveurs des Epices & Vacations du mois de
Fevrier 1691. Declarations de Sa Majesté, & autres Arrests
rendus en consequence; & oüi le rapport du Sieur Chamillart,
Conseiller ordinaire au Conseil Royal, Contrôlleur General
des Finances. LE ROY EN SON CONSEIL, yant égard
à ladite Requeste, a ordonné & ordonne que les Receveurs des
Epices & Vacations de la Province de Bretagne, recevront toutes
les Epices & Vacations des Officiers des Cours & Siéges où ils
seront établis, tant à l'ordinaire qu'à l'extraordinaire, ou de
Commissions, & celles des Instances, Procés, & Affaires rap-
portées au Parquet des Gens du Roy, sujettes à Epices, &
joüiront des deux sols pour livre qui leur sont attribuez pour
leurs droits de Consignations sur lesdites Epices & Vacations,
sans aucunes exceptions. Enjoint Sa Majesté au Sieur Procureur
General du Parlement de Bretagne, de tenir la main à l'execution du present Arrest qui sera executé nonobstant oppositions ou empêchement quelconques, dont si aucuns interviennent,

Sa Majesté s'en est reservé la connoissance, & icelles interdite à toutes ses Cours & autres Juges. Fait au Conseil d'Etat du Roy, tenu à Versailles le septiéme jour de Septembre mil sept cens. Signé par Collation, RANCHIN, avec paraphe.

A R R E S T
DU CONSEIL D'ETAT DU ROY·
Du troisiéme Octobre 1702.

QUI Ordonne que les Edit du mois de Fevrier 1691. Declaration de 12. Septembre 1692. concernans les Receveurs des Epices & Arrests rendus en consequence, seront executez, & Ordonne que le sieur Denis Caquoy, Conseiller du Roy, Receveur des Epices des Baillages, Siége Presidial, Prevosté, Maréchaussées & Grenier à Sel de Troye, recevra toutes les Epices & Vacations que les Officiers desdits Siéges se taxeront par leurs Sentences, Jugemens, Enregistremens de Baux, Lettres Patentes, &c.

Extrait des Registres du Conseil d'Etat.

SUR la Requeste presentée au Roy en son Conseil par Claude Denis Caquoy, Conseiller de Sa Majesté, Receveur des Epices, Vacations, & Amendes, des Baillage, Siége Presidial, Prevosté, Marechaussée, & Grenier à Sel de Troyes, Contenant que Sa Majesté voulant pourvoir à la bonne administration, & à la sureté de la Recette & maniement des Amendes. Elle a par son Edit du mois de Fevrier 1691. verifié ou besoin a été, creé & érigé en titres d'Offices formez, hereditaires des Receveurs des Amendes, dans toutes les Cours

F ij

& Justices de nôtre Royaume , avec attribution des deux sols pour livre de leur maniment , & rétabli les anciens Offices de Receveurs & Payeurs des Epices & Vacations , avec attribution aussi de pareil Droit de deux sols pour livre de tout leur maniement : Voulant Sa Majesté que dans les Presidiaux , & autres Justices ressortissantes immediatement és Cours de Parlemens , lesdits Offices de Receveurs des Epices soient & demeurent unis avec ceux des Receveurs des Amendes , pour ne faire ensemble qu'un seul & même Corps d'Offices , avec défenses à tous Greffiers , & à tous autres de s'immiser à l'avenir en lad. Recette desd. Epices & Amendes ; & par une Declaration du mois de Decembre 1692. Sa Majesté en interpretation dudit Edit expliquant plus nettement son intention , Elle a entendu y comprendre les Epices & Vacations des Juges , tant à l'ordinaire qu'à l'extraordinaire ou de Commissaires ; le Predecesseur du Suppliant ayant negligé de percevoir les Epices de l'extraordinaire de Commissaire ou autrement : ce qui n'étoit point de la connoissance du Suppliant , quand il a traité avec luy dudit Office de Receveur des Epices & Amendes des Jurisdictions de la Ville de Troyes ; les Juges dudit Presidial en procedant à la reception du Suppliant audit Office , ont par leur Sentence de Reception du Suppliant , en iceluy limité sa fonction , à la joüissance seulement des Droits , tels que son Predecesseur les avoit perçües : ce qui a obligé le Suppliant de se pourvoir , & d'obtenir Arrest du Conseil le deuziéme Octobre 1701. qui a levé cette restriction & modification , & fait défenses aux Officiers dudit Baillage & Siége Presidial de Troyes , de s'immiser dans la Recepte des Droits , à peine de tous dépens , dommages & interêts ; lequel Arrest il a fait signifier le 29. Novembre 1701. au Greffier dudit Baillage & Siége Presidial , tant pour luy que pour ses Commis ; mais comme l'intention des Officiers & de leur Greffier ou Commis au Greffe , a toûjours été d'inquieter & de donner du trouble au Suppliant dans l'exercice & fonction de sa Charge , comme le Suppliant l'a découvert par des sommations qu'il a fait faire à divers particuliers le 27. Aoust & 23. Decembre 1701. & 3. Janvier 1702. pour la Reception des Droits à luy appartenans , provenans tant des Vacations du sieur Lieutenant General dudit Baillage, & du sieur Procureur de Sa Majesté en iceluy, à cause de leur Descente, Visite, Assistance, & Rapport du Procès Verbal, des reparations de l'Eglise & Bastimens de l'Abbaye du Moutier la Celle, lesquelles Vacations ont été reçûes par le nommé d'Huis, commis Greffier des Epices du Procès du nommé Jacques Simon Colleron, demeurant à Bar-sur-Seyne, jugé au rapport du sieur Dré, Conseiller audit Baillage & Siege Presidial, qui les a reçûes que d'une Enqueste faite à la Requeste du sieur Barbelin, contre les nommez Gil-lain & sa femme au Baillage Criminel de ladite Ville, que ledit d'Huis a aussi reçûs, qui sont autant de contraventions faites ausdits Edits, Declaration, & Arrest du Conseil, pour lesquelles éviter Sa Majesté est suppliée de pourvoir au Suppliant comme Elle a eu la bonté de faire en faveur des Sieurs Perrignon & Brullefert, Receveurs des Epices, Vacations, & Amendes des Baillages & Sièges Presidiaux de Reims & de Chaumont en Bassigny, par deux Arrests du Conseil des 10. Aoust 1697. & 21. Octobre 1698. qui ordonnent qu'ils recevront toutes les Epi-ces que les Officiers des Baillages se taxeront par leurs Senten-ces, Jugemens, receptions d'Officiers, Enregistremens de Baux, Lettres Patentes, & generalement de tous autres Actes Judi-ciaires; leur faisant Sa Majesté défenses de recevoir par leurs mains, & de celles de leurs Greffiers lesdits Epices & Vaca-tions, & aux Greffiers de délivrer aucunes Sentences & Juge-mens qui ne leur soit apparu de la quittance desdits Perrignon & Brullefert, ou de leur Commis, du payement fait desdits Epices, & des deux sols pour livre d'icelle, & avec injonction de leur fournir en état par eux certifié des Sentences & Juge-mens rendus dans leurs Jurisdictions, & qui s'y rendroient à l'avenir, dans lequel ils seront tenus de faire mention des Epi-ces que lesdits Officiers se seront taxées pour lesdites Sentences & Jugemens, & de leur payer les deux sols pour livre de cel-les par eux reçûes, suivant & ainsi qu'il est porté par lesdits Edits & Declaration des mois de Fevrier 1691. & 19. Decembre 1692. Requeroit à ces Causes le Suppliant, qu'il plût à Sa Ma-jesté ordonner par ledit Edit, Declarations, & Arrests du

F iij

Conseil seront executez selon leur forme & teneur, & conformément à iceux : Que le Suppliant recevra outre les Amendes, toutes les Epices & Vacations que les Officiers dudit Baillage, & Siége Presidial de Troyes, Prevosté Maréchaussée, & Grenier à Sel de la Ville, se taxeront par leurs Sentences, Jugemens, Receptions d'Officiers, Enregistremens de Baux, Lettres Patentes, & generalement de tous autres Actes judiciaires, tels qu'ils puissent être; leur faire défenses de recevoir par leurs mains & celles de leurs Greffiers ou Commis aux Greffiers desdites Jurisdictions, lesdites Epices & Vacations, & ausdits Greffiers de délivrer aucunes Sentences & Jugemens, qu'il ne leur soit apparu de la Quittance du Suppliant ou de son Commis du payement fait desdits Epices, & des deux sols pour livre d'icelles, leur enjoindre de luy fournir un état par eux certifié des Sentences & Jugemens rendus dans lesdites Jurisdictions, & qui s'y rendront à l'avenir, dans lequel ils seront tenus de faire mention des Epices que lesdits Officiers seront taxez par lesdites Sentences & Jugemens, & de payer au Suppliant les deux sols pour livre de celles par eux reçûës, jusqu'au jour de l'Arrêt qui interviendra sur la presente Requête, à quoy faire ils seront contrains comme dépositaires, quoy faisant déchargez. VEU ladite Requête, signée, Petit l'aîné, Avocat au Conseil, les trois Sommations des 27. Aoust & 13. Decembre 1701. & 3. Janvier 1702. & autres pieces attachées à ladite Requeste : Oüi le Rapport du sieur Fleuriot d'Armenonville, Conseiller ordinaire au Conseil Royal, Directeur des Finances. LE ROY EN SON CONSEIL, Ayant égard à ladite Requeste, a Ordonné & Ordonne que ledit Edit du mois de Fevrier 1691. la Declaration du 11. Septembre 1692. & Arrêts rendus en consequence seront executez selon leur forme & teneur, & en consequence que le Suppliant recevra toutes les Epices & Vacations que les Officiers du Baillage, Siége Presidial, Prevosté, Maréchaussée, & Grenier à Sel de Troyes se taxeront par leurs Sentences, Jugemens, Receptions d'Officiers, Enregistremens de Baux, Lettres Patentes, & generalement tous Actes Judiciaires. Leur fait Sa Majesté defenses de recevoir par leurs

mains ny celles de leurs Greffiers lesdits Epices & Vacations
& ausdits Greffiers de délivrer aucunes Sentences & Jugemens
qui ne leur soit apparu de la Quittance du Suppliant ou de
son Commis, du payement fait desdites Epices , & des deux
sols pour livre : Leur enjoint Sa Majesté de fournir au Suppliant un état par eux certifié des Sentences & Jugemens rendus
dans lesdites Jurisdictions , & qui s'y rendront à l'avenir , dans
lequel ils seront tenus de faire mention des Copies que lesdits
Officiers se seront taxez pour lesdites Sentences & Jugemens,
& de luy payer deux sols pour livre de celles par eux reçûes
jusqu'à present. FAIT au Conseil d'Etat du Roy , tenu à
Fontainebleau le troisiéme jour d'Octobre mil sept cens deux.
Collationné , Signé , DELAISTRE.

ARREST
DU CONSEIL D'ESTAT
DU ROY,

Du septiéme Aoust 1703.

QUI permet à Mr Guillaume Le Vineux d'établir des
Receveurs des Epices, dans toutes les Jurisdictions,
où ils n'ont point été établis en execution de l'Edit
du mois de Février 1691.

ET qui sert de Reglement pour les Offices de Contrôleurs desdites Epices.

Extrait des Registres du Conseil d'Etat.

SUR la Requête presentée au Roy en son Conseil par Guillaume le Vineux , chargé par Sa Majesté de l'execution de

l'Edit du mois de Mars dernier, portant Création des Offices
de Contrôleurs des Epices, Vacations & Sabatines dans toutes
les Cours & Jurisdictions : CONTENANT, Qu'ayant voulu en
consequence dudit Edit & de l'Arrest du Conseil du trois dudit
mois de Mars rendu en consequence, établir des Commis à l'e-
xercice desdits Offices, en attendant la vente d'iceux dans toutes les Justices Royales du Royaume, & y faire percevoir par lesdits Commis les Droits d'un sol pour livre attribuez ausdits Offices de toutes les Epices & Vacations, qui sont payées aux Officiers desdites Jurisdictions, ils en auroient été empêché par les
Officiers de plusieurs desdites Jurisdictions, & principalement par
ceux des Maréchaussées, Amirautez, Police, Monnoyes, Trai-
tes-Foraines & autres, sous prétexte que les Offices de Receveurs
des Epices desdites Jurisdictions n'ayant point été levez, ceux de
Contrôleurs n'y doivent point être établis; & dautant que si cette
prétention contraire aux Edits de Création des Receveurs des
Epices avoit lieu, le Traité du Suppliant se trouveroit considera-
blement diminué, & Sa Majesté privée du secours qu'Elle en
doit tirer; pourquoy il seroit necessaire qu'il luy plût luy permettre d'établir des Receveurs des Epices dans toutes les Cours &
. Jurisdictions Royales, où il n'y en a point d'établies, en consequence desdits Edits. D'ailleurs quoyque les Receveurs des Epices établis dans les Cours de Parlement, Chambre des Comptes,
Cours des Aydes, Bureaux des Finances, Presidiaux, Bailliages,
Senéchaussées, & autres Justices Royales, doivent joüir des Deux
sols pour livre de toutes les Epices, Sabatines & Vacations des
Officiers des Cours & Sieges où ils sont établis, tant à l'ordinaire
qu'à l'extraordinaire ou de Commissions, & generalement de
toutes les Epices & Vacations que lesdits Officiers se taxent pour
leurs Arrests, Ordonnances, Sentences & Jugemens, Receptions
d'Officiers, Auditions & Clôtures de Comptes, Enregistremens
de Baux, Lettres Patentes, & generalement de tous Actes judiciaires, sans qu'il soit permis aux Greffiers de délivrer lesdits Arrests, Sentences, Jugemens & Actes qui ne leur apparoisse du
payement des Droits attribuez ausdits Receveurs, les Officiers
de plusieurs Sieges les contestent aux Particuliers qui ont acquis
ou qui ont été Commis à l'exercice de Contrôleurs des Epices;

&

& lefdits Receveurs de concert avec lefdits Officiers refufent de
recevoir ledit fol pour livre pour eux , & le leur payer , quoyqu'ils y foient obligez par ledit Edit ; ce qui oblige le Suppliant
d'avoir recours à Sa Majefté. A CES CAUSES, Reque-
roit qu'il plût à Sa Majefté luy pourvoir par un Arreft de Reglement ; Veu ladite Requête, l'Edit du mois de Mars dernier , portant Création des Offices de Contrôleurs , & celuy du mois de
Février 169z. portant Création des Offices de Receveurs des Epices , enfemble les Declarations & Arrefts rendus en confequence
defdits Edits: Oüy le Rapport du Sieur Fleuriau d'Armenonville,
Confeiller ordinaire au Confeil Royal , Directeur des Finances.
LE ROY EN SON CONSEIL, A Ordonné & Or-
donne , Que lefdits Edits , Declarations & Arrefts feront executez felon leur forme & teneur.

    Et en confequence qu'à la diligence dudit Le Vineux,fes Procu- *Receveurs des Epices & Vacations éta-* reurs & Commis il fera établi des Offices de Receveurs des Epices *blis dans les* & Vacations dans toutes les Cours , Prefidiaux , Bailliages , Séné- *lieux où lef-* chauffées, Prevôtez, Vicomtez, Vigueries, Maréchauffées,Admi- *dits Offices* rautez , Maitrifes des Eaux & Forêts, Elections , Greniers à Sel, *n'ont point* & autres Jurifdictions Royales, danslefquelles lefdits Offices n'ont *été levez.* point été levez en confequence dudit Edit du mois de Février
1691. à la charge toutefois que conformément à la Declaration du
treize Decembre 1692. il ne pourra être étably qu'un feul Office pour toutes les Jurifdictions, dans les Villes efquelles il n'y a
point de Cour Superieure. Pourra en confequence ledit Le Vineux établir des Contrôleurs defdites Epices & Vacations dans
lefdites Jurifdictions.

    Ordonne Sa Majefté que les Droits attribuez , tant aufdits Re- *Les Rece-* ceveurs qu'aufdits Contrôleurs, feront payez de toutes les Epices *veurs & Con-* *trôlents fe-* & Vacations des Juges , tant à l'ordinaire qu'à l'extraordinaire *ront payrz de* ou de Commiffions, pour Auditions & clôtures de Comptes, *toutes les Epi-* *ces & Vaca-* Receptions d'Officiers, Enregiftremens de Baux & Lettres Pa- *tions tant à* tentes, Conclufions des Gens de Sa Majefté , & generalement *l'ordinaire* de toutes Epices, Sabatines & Vacations, que fe taxent en quel- *qu'à l'extraor-* *dinaire.* que forte & maniere que ce foit, en Corps ou en particulier , les
Officiers defdites Cours & Jurifdictions pour tous Actes judi-
ciaires, foient qu'ils foient donnez avant ou après l'Enregiftre-

ment dudit Edit., pourvû que la Consignation en soit faite depuis ledit Enregistrement.

Défenses aux Receveurs de recevoir aucunes Epices, Sabatines & Vacations, sans délivrer des Quittances controllées par les Controlleurs.

Fait Sa Majesté tres-expresses inhibitions & défenses aux Receveurs des Epices, leurs Commis & Préposez, de recevoir aucunes Epices, Sabatines & Vacations, sans en délivrer des Quittances controllées par lesdits Controlleurs, dans les Jurisdictions où il est d'Usage de fournir des Quittances, & à tous Greffiers de délivrer aucuns Arrests, Ordonnances, Sentences, Jugemens & autres Actes judiciaires, pour lesquels les Juges se seront taxez, & auront pris des Epices & Vacations, qu'il ne leur soit apparu du payement des Epices & Vacations, & Droits attribuez ausdits Controlleurs, à peine de payer par lesdits Greffiers en leur propre & privé nom le double desdits Droits desdits Controlleurs, ausquels lesdits Receveurs seront tenus d'en compter sans aucuns Frais ni Droits, & de leur representer à cet effet leurs Registres toutes fois & quantes qu'ils en seront requis par lesdits Controlleurs.

Permis aux Controlleurs de faire exercer lesdits Offices par qui ils voudront.

Permet Sa Majesté aux Proprietaires desdits Offices de Controlleurs de faire exercer lesdits Offices par telles personnes que bon leur semblera, & enjoint aux Sieurs Intendans & Commissaires départis dans les Provinces & Generalitez du Royaume, de tenir la main à l'execution du present Arrest, lequel sera lû, publié & affiché par tout où besoin sera, & executé selon sa forme & teneur, nonobstant Oppositions ou Empêchemens quelconques, dont si aucuns interviennent, Sa Majesté s'en est reservé la connoissance, & icelle interdite à toutes ses Cours & autres Juges. Fait au Conseil d'Etat du Roy tenu à Marly, le septiéme jour d'Aoust mil sept cens trois. Collationné. Signé, RANCHIN.

LOUIS, par la grace de Dieu, Roy de France & de Navarre, Dauphin de Viennois, Comte de Valentinois & Dyois, Provence, Forcalquier & Terres adjacentes: A nos Amez & Feaux Conseillers en nos Conseils, les Sieurs Intendans & Commissaires départis pour l'execution de nos Ordres dans les Provinces & Generalitez de nôtre Royaume; SALUT. Nous vous Mandons & Enjoignons de tenir la main chacun en droit soy à l'execu-

sion de l'Arrest , dont l'Extrait est cy-attaché sous le Contre-
Scel de nôtre Chancellerie , ce jourd'huy donné en nôtre Con-
seil d'Etat, sur la Requête à Nous presentée en iceluy par Guillaume Le Vineux , par Nous chargé de l'Execution de nôtre
Edit du mois de Mars dernier , portant Création des Offices de
Contrôleurs des Epices , Vacations & Sabatines, dans toutes les
Cours & Jurisdictions Royales. Commandons au premier nostre
Huissier ou Sergent sur ce requis, de signifier ledit Arrest aux y
dénommez , & à tous autres qu'il appartiendra, à ce qu'ils n'en
ignorent , & de faire en outre pour l'entiere execution d'iceluy,
à la Requête dudit Le Vineux , tous Commandemens , Sommations, Défenses y contenuës, sur les peines y portées , & autres
Actes & Exploits necessaires , sans autre permission. Voulons que
ledit Arrest , soit lû , publié & affiché par tout où besoin sera , &
executé selon sa forme & teneur , nonobstant Clameur de Haro,
Charte-Normande & Lettres à ce contraires, Oppositions ou
Empêchemens quelconques , dont si aucuns interviennent , Nous
nous en reservons la connoissance , icelle interdisons à toutes nos
Cours & autres Juges , & qu'aux Copies d'iceluy & des Presentes
collationnées par l'un de nos Amez & Feaux Conseillers-Secretaires , foy soit ajoûtée comme aux Originaux , C A R tel est nostre
plaisir. D O N N E' à Marly , le septiéme jour d'Aoust , l'an de grace mil sept cens trois, Et de nostre Regne le soixante-uniéme,
Par le Roy , Dauphin Comte de Provence en son Conseil, Signé, RANCHIN : Et Scellé du Grand Sceau de Cire jaune.

www.ingramcontent.com/pod-product-compliance
Lightning Source LLC
Chambersburg PA
CBHW061702180626
46818CB00003B/1229